邱处机与成吉思汗

杨 军 著

2016年·北京

图书在版编目(CIP)数据

邱处机与成吉思汗/杨军著. —北京：商务印书馆，2013（2016.4重印）
（丝瓷之路博览）
ISBN 978−7−100−10453−1

Ⅰ.①邱… Ⅱ.①杨… Ⅲ.①中国历史－研究－宋元时期 Ⅳ.①K240.7

中国版本图书馆CIP数据核字（2013）第277801号

所有权利保留。

未经许可，不得以任何方式使用。

邱处机与成吉思汗
杨军 著

商 务 印 书 馆 出 版
（北京王府井大街36号 邮政编码 100710）
商 务 印 书 馆 发 行
三河市潮河印业有限公司印刷
ISBN 978−7−100−10453−1

2014年4月第1版　　开本 880×1230　1/32
2016年4月北京第2次印刷　印张 5 1/2
定价：34.00元

主　　办：中国社会科学院历史研究所中外关系史研究室

顾　　问：陈高华

特邀主编：钱　江

主　　编：余太山　李锦绣

主编助理：李艳玲

编者的话

《丝瓷之路博览》是一套普及丛书，试图以引人入胜的方式向广大读者介绍稳定可靠的古代中外关系史知识。

由于涉及形形色色的文化背景，故古代中外关系史可说是一个非常艰深的研究领域，成果不易为一般读者掌握和利用。但这又是一个饶有趣味的领域。从浩瀚的大海直至无垠的沙漠，一代又一代上演着一出又一出的活剧。既有友好交往，又有诡诈博弈，时而风光旖旎，时而腥风血雨。数不清的人、事、物兴衰遭递，前赴后继，可歌可泣，发人深省。毫无疑问，这些故事可以极大地丰富人们的精神生活。

本丛书是秉承《丝瓷之路》学刊理念而作。学刊将古代中外关系史领域划分为三大块：内陆欧亚史、地中海和中国关系史、环太平洋史。欧亚大陆东端是太平洋，西端是地中海。地中海和中国之间既可以通过海上丝绸之路，也可以通过草原之路往来。出于叙事的方便，本丛书没有分成相应的三个系列，但种种传奇仍以此为主线铺陈故事，追古述今。我们殷切希望广大读者和作者一起努力，让古代中外关系史的知识走进千家万户！

2012 年秋

引　子

　　1222年5月17日，在中亚兴都库什山脚下成吉思汗的大营中，邱处机与成吉思汗第一次见面。他们一共进行了三次谈话，每次谈话成吉思汗都将身边的人全部遣出帐外，密谈后，成吉思汗甚至还专门下令：有关内容作为最高机密，绝不许外传！成吉思汗与邱处机究竟谈些什么，能使这位蒙古帝国的缔造者如此重视？随邱处机远赴中亚的弟子李志常，成吉思汗最信任的契丹族官员耶律楚材，从各自的角度对相关历史事件进行了记录。多年前，当我最初读到《长春真人西游记》时，就对这段史事充满遐想。历史给人的感觉经常是凝重的、静止的，但在13世纪里，历史却显得瞬息万变，令人目不暇接，略不经意，就换了一个人间。这一切，究竟是什么原因造成的呢？不能不说，这是困扰历史学家的一道难题。

　　当余太山先生约我为商务印书馆这套丛书写点什么时，我突然想到，何不向读者介绍一下这段离奇的却又尘封已久的传奇。遗憾的可能是，我的文笔不足于展示那段历史的神奇。本书图片，部分是我在新疆考古拍摄而得，部分取自英国牛津大学艺术与人类学中心、大英博物馆，以及其他博物馆和考古机构等网站的公开的数字化资源。本书由杨军确定章节体例，第一章边兰芹执笔，第二章郭利利执笔，第三章、第五章张宏利执笔，其他由杨军撰写并统一修改和润色。附识于此。

2013年春

目录 CONTENTS

第一章
从铁木真到成吉思汗

一　铁木真的童年 / 2

二　重新崛起的乞颜 / 12

三　统一蒙古草原 / 19

四　成吉思汗的对外征伐 / 29

第二章
掌教真人

一　王喆与全真教 / 40

二　从苦修到掌教的邱处机 / 50

三　来自成吉思汗的召唤 / 66

第三章
成吉思汗的西征

一　亦都护与屈出律 / 78
二　摩诃末的挑衅 / 82
三　横扫中亚的杀戮 / 87
四　生子当如札兰丁 / 98

第四章
邱处机万里西行

一　徘徊出关 / 108
二　从草原到绿洲 / 118
三　异域之旅 / 128

第五章
相逢在异域

一　远行万里，只为一席话 / 138
二　东归白云观 / 150
三　消逝长草间 / 160

第一章

从铁木真到成吉思汗

13世纪注定是一个不平凡的世纪。占据亚洲大部分地区的阿拉伯帝国与中国,陷入分裂割据的混乱状况都已经很久了。就在此时,在中国北方的蒙古草原,成吉思汗从一无所有中崛起,统一蒙古各部落,建立蒙古汗国,并西征中亚、西亚以及东欧。蒙古汗国的疆域在成吉思汗以后还在一直扩展,囊括了亚洲大部分地区,成为人类历史上规模空前绝后的大帝国。

丘处机与成吉思汗

一、铁木真的童年

1162年，在蒙古草原的斡难河边，蒙古贵族也速该的家里，一个男孩诞生，他是也速该的长子，这就是后来闻名全世界的成吉思汗。

成吉思汗的父亲也速该的全名应该是孛儿只斤·也速该。孛儿只斤是他的蒙古语姓氏，在史籍中，他还拥有另一个名号，把阿秃儿，这也是蒙古语勇士的意思。也速该属于蒙古人的乞颜氏族；这是一个非常古老的族名。传说蒙古部祖先的发源地是在额尔古纳河沿岸，当他们离开这里向外发展时，才开始自称"乞颜"，在蒙古语里，乞颜的意思是激流。后来由于分支众多，每个支系家族都有了自己的名称，乞颜这个族名也就渐渐地不再使用了。到也速该的祖父合不勒汗建立起蒙古部族联盟时，才再一次自称乞颜。

自9世纪漠北的回鹘汗国瓦解以后，蒙古草原就陷入割据和混乱之中，众多的游牧部落各自为政。合不勒汗的时代，草原各部都隶属于女真人建立的金朝。当俺巴孩汗

蒙古草原

成为首领时，乞颜部终于发展到令女真统治者忧虑的地步，最终，由于蒙古人内部的矛盾，俺巴孩汗被另一个蒙古部落塔塔儿部出卖给了金朝，被钉在木驴上处死。传说俺巴孩汗在临终前曾托人传话给合达安太子："你们就是将五个指甲磨尽，磨坏十个指头，也要给我报仇。"多年以后，成吉思汗起兵灭金，就是号称为俺巴孩汗报仇。乞颜部与塔塔儿部，从此也结下了不解之仇。

成吉思汗画像

在俺巴孩汗被杀后，乞颜部逐渐衰落。也速该作为乞颜部的首领，之所以被称为勇士，是因为他一直在努力征服邻近的部落，企图恢复合不勒汗至俺巴孩汗时的强盛。甚至连他的妻子诃额仑，都是也速该强行抢来的。

诃额仑本来是嫁给了篾儿乞部的赤列都，就在赤列都迎娶诃额仑返回篾儿乞部的途中，他们遇见了也速该。传说，与两个弟弟一起打猎的也速该，从草丛中发现的诃额仑的尿迹判断出，这个女人会生出一个伟大的儿子，就带领两个弟弟沿着车辙的痕迹一路追上来。诃额仑见来者不善，劝赤列都逃走，而她自己则成为也速该的俘虏，被带回乞颜部，成为也速该的妻子。这个诃额仑，就是也速该铁木真长子的母亲。

但这一次的抢亲,却使篾儿乞部成为乞颜部的死敌,在后来成吉思汗兴起的过程中,篾儿乞部对他构成极大的威胁。成吉思汗曾经被篾儿乞部打败,落荒而逃,妻子被俘,当他借兵报仇,打败篾儿乞部抢回妻子之后,却意外地发现,妻子已经怀孕了,后来生下的就是成吉思汗的长子术赤。正是因为这种尴尬的出生,术赤虽然是成吉思汗的长子,却被排除在大汗的继承人选之外。后来术赤在遥远的南俄罗斯草原建立起金帐汗国,不再过问东方的事情。

也速该并不知道后来发生的这一切,他只知道,妻子诃额仑很快就给他生了一个男孩。这个男孩出生时红光满面,手握凝血。蒙古人民间传说:"孩子的右手里,攥着一块坚硬的血饼,像'苏鲁定'的形状一样。"这在蒙古人看来是吉祥的征兆。与此同时,也速该在与世仇塔塔儿部的战争中获胜,俘获了一个名叫铁木真兀格的首领,为了纪念这次战争的胜利,也速该为自己的长子取名为铁木真。在也速该的心中,他期望儿子也成为一名勇士,但他绝对想不到,他这个后来被尊称为成吉思汗的儿子,对人类历史的影响是多么的巨大。

对于成吉思汗出生的具体地点,蒙古国史学家推测不一,有人认为是在肯特省达达勒苏木的巴拉吉河南岸的"德伦宝立德格山",有人认为是在宾德尔苏木的鄂嫩河西岸的"德伦宝立德格山"。现在,达达勒苏木和宾德尔苏木都在争成吉思汗出生地的殊荣。对于游牧的蒙古人来说,记住每一个孩子的出生地并不是一件容易的事情,所以成吉思汗出生的具体地点恐怕是一个永远无法解开的历史之谜。

就连公认的成吉思汗出生于1162年这一时间,也不一定是准确的,这是根据成吉思汗去世的时间及史书记载的享年推算出来的。在成吉思汗出生时,蒙古人还没有真正的历法,而是以草一青为一年,人们相互间询问年龄的时候，是问"你已经见过草原几次长出青草"。所以，我们不知道，成吉思汗的享年究竟可信度如何，事实上，学者间对这个问题是存在不同认识的。

童年的铁木真备受尊宠，他在家中是嫡长子，地位最尊贵，得到父母的疼爱和诸弟的尊敬。在铁木真出生之后，也速该与诃额仑又生有三个儿子和一个女儿，分别是合撒儿、

呼伦贝尔市的诃额仑和孛儿帖铜像

合赤温、帖木格、帖木伦。也速该还与别的妻子生有两个儿子，别克帖儿和别勒古台。

关于铁木真童年时代的记事很少，其中值得一提的是他与札木合两次结为安答。按蒙古人当时的风俗习惯，不同血缘的人之间最亲密的关系就是安答，安答的意思是"契交"，结安答时要相互盟誓并交换信物。铁木真与札木合结为安答，一次是在冬季，两人在斡难河的冰面上作抛髀石游戏时，札木合送给铁木真的信物是一个狍子的髀石，铁木真回赠一个铜灌的髀石；另一次是在春季玩射箭游戏时，札木合送给铁木真的信物是一个自制的响箭，是用两个小牛角钻孔黏合而成的，射出时会不停地发出响声，铁木真回赠一支自己用柏木做的箭镞。

当时的蒙古人订婚都比较早，而且盛行姑舅表婚，订婚以后，新女婿往往要在岳父家里住上几年。在铁木真九岁时，也有说是13岁

时,也速该带铁木真去弘吉剌部母舅家求婚。走到兀儿失温河附近的山口时,父子二人碰见了弘吉剌部的德薛禅。德薛禅对铁木真十分中意,对也速该说:"你的儿子双目有神,满面红光。我夜里做了一个奇异的梦,一只白色的海青,握着日月降落到我的手臂上。今天也速该亲家你带着儿子来到我的面前,正是应验了此梦的吉兆。我有一个女儿可许配给你的儿子。"也速该来到德薛禅家中,见到德薛禅的女儿孛儿帖眉清目秀、天生丽质,也十分满意。第二天,也速该便为铁木真和孛儿帖订婚,并将铁木真留在德薛禅家,独自返回。

但是,不幸的事情在也速该满意地离开德薛禅的营盘之后发生了。也速该在途经塔塔儿部时,正好遇见塔塔儿人在大摆筵席。按照蒙古人的习俗,也速该参加了塔塔儿部的宴会,不料被塔塔儿人认出也速该就是曾经攻打过他们的敌人,便在食物中下了慢性毒药。回到家后,也速该药性发作。他自知死期将近,便让蒙力克去接铁木真回来继承家业。可是,铁木真还没有赶回来,也速该就去世了。铁木真幸福的童年也随之结束,开始了他的人生磨难。

铁木真从岳父家回来不久,蒙古部落就发生了变化。在第二年的祭祖仪式上,与乞颜部争夺过汗位的泰赤乌部为重新掌握霸权,开始明目张胆地搞分裂。在凡是同族之人都应参加的祭祀大典上,泰赤乌贵族故意提早祭祀时间,在诃额仑母子赶到之前结束祭祀,并且不给他们应得的祭品,斡儿伯和莎合台两位祖母还煽动部众在转移草场时抛下铁木真母子,这意味着铁木真母子即将被驱逐出族。在第二天转场时,也速该生前的众多亲族和部众追随泰赤乌部头领塔儿忽台而去。在铁木真母子身边,只剩下察剌合老人与他的儿子蒙力克。

察剌合老人在阻止也速该的旧部脱朵延离去之时,被脱朵延用枪刺伤。铁木真亲自去看望这个垂死的老人,这是铁木真充当首领的第一个举动。铁木真在老仆人床前伤心哭泣的时候，他的母亲诃额仑却没有沉浸在被部众抛弃的悲伤和绝望当中，而是手持战旗"秃黑"去追赶离去的部众，部分百姓为诃额仑的勇气而震惊，跟随诃额仑回到原驻地。但是，这些百姓在不久之后还是离开了铁木真母子，去追随泰赤乌部，只剩下他们孤儿寡母在斡难河的森林和草原中艰难地生存。

即使由首领夫人转瞬间变为流浪的难民，诃额仑也没有意志消沉，她竭尽全力抚养七个孩子，到处摘野果、挖野菜，为孩子们充饥。年复一年，在艰难的生活中，孩子们长大了。

一天，铁木真和合撒儿在河边捕到一条金色大鱼，正在高兴之时，大鱼就被他们的同父异母兄弟别克帖儿和别勒古台抢走了，这使铁木真非常恼怒，便回家向母亲告状，没想到母亲劝他们不要计较。铁木真和合撒儿不以为然，执意要向别克帖儿寻仇。当别克帖儿正在小山上放牧家中仅有的九匹马时，铁木真和合撒儿分别从小山的前后靠近别克帖儿，在两人突然弯弓搭箭瞄准时，别克帖儿才发现了他们。

别克帖儿试图平息铁木真和合撒儿的怨恨，说："泰赤乌人给我们造成的苦难仍然存在，我们不是应该合力向泰赤乌人报仇吗？为什么要自相残杀？你们为什么要把我看成眼中钉、肉中刺？"见铁木真不为所动，别克帖儿又说道："不要杀害我的弟弟别勒古台，不要毁了我的炉灶！"说完盘腿而坐。铁木真与合撒儿一前一后射杀了他们的兄弟别克帖儿。

两人回到家中，诃额仑见二人脸色阴森恐怖，立刻明白发生了什么事情，她愤怒地指责道："你们怎么能像禽兽一般凶狠？我们正处在泰赤乌人造成的'影外无友，尾外无鞭'的苦难之中，你们不知报仇雪恨,还要兄弟相残。"经过杀弟风波和母亲的教诲,铁木真开始明白,要向命运抗争、重振父业,单凭自己的力量是无法实现的。此后,铁木真与兄弟几人和睦相处,共同渡过一个又一个难关。

诃额仑训斥铁木真时提到的泰赤乌人的仇恨并非危言耸听,事实很快证明了这一点。随着时间的流逝,泰赤乌部的头领塔儿忽台开始后悔当初没有趁铁木真弱小之时将其消灭,担心长大了的铁木真兄弟会成为自己的劲敌。塔儿忽台决定除掉这些乞颜部的遗孤,出兵包围了铁木真的营寨。

面对泰赤乌人的袭击,铁木真一家人躲进附近的丛林之中。别勒古台忙着砍一些树枝加固藩寨;合撒儿能射一手好箭,他搭弓射箭准备迎击敌人;合赤温、帖木格和帖木伦三兄妹年纪尚小,被藏在岩洞中。双方僵持了一段时间之后,泰赤乌人对合撒儿喊道:"我们只要你们的哥哥铁木真,其他人我们无意加害。"为了挽救全家人的性命,铁木真跳上马背,逃入斡难河上游的森林之中。

泰赤乌人看到山深林密,不敢贸然进入,于是他们团团包围了山林,只等铁木真饥渴难耐,自己走出森林。铁木真在密林中躲藏了九天,不见泰赤乌人有任何举动,以为他们已经撤离,同时他也饥饿难熬了,便决定走出密林。但是,他刚出来,就被守候在林子外的泰赤乌人捉住。塔儿忽台命人给铁木真上了木枷,命令各营轮流看守。

在阴历四月十六日这一天,泰赤乌人依据传统习俗,在斡难河畔举行大聚会。负责看守铁木真的是一个瘦弱的年轻人,警惕性不高,而铁木真年轻力壮,机敏过人,做事果断,他盘算着这是一个逃跑的好时机。于是趁这个年轻人不注意,铁木真举起手中的木枷将他打晕,带着木枷逃到斡难河边的森林中,又觉得这里容易被人发现,便纵身跳入河水之中,将头露在外面,顺水漂流。

泰赤乌人发现铁木真逃跑了,马上集合队伍,沿着密林和斡难河边搜寻。锁儿罕失剌在河边发现了藏在水中的铁木真。锁儿罕失剌是速勒都孙部人,是泰赤乌部的属民,没有泰赤乌人对铁木真那样强烈的仇恨,他又看到这位年轻人两眼明亮,认定他将来必会有所作为。于是锁儿罕失剌走近铁木真身边,低声说:"你就在这里躲藏着,我不会告发你的。"说完又向前搜去。

泰赤乌人及其属民没有寻到铁木真的踪迹,商量着一定要找到铁木真才罢休。锁儿罕失剌劝阻道:"你们白日里让他逃脱,而想在夜晚将他抓回来,这几乎是不可能的。我们不如按照原路再搜寻一遍,然后回去休息,等明天再来继续搜索。铁木真是一个戴着枷锁的孩子,能逃到哪里去?我们迟早会抓回他的。"泰赤乌人觉得他说的有道理,就散去了。锁儿罕失剌又来到铁木真身边,说:"他们已经散了,商议明天再来这儿搜寻。你趁这个时候,快去找你的母亲吧。倘若遇到其他人,千万不要说曾经见过我!"说完便若无其事地走了。

铁木真心想,自己戴着木枷,又没有马匹,就算逃也逃不远,如果求救于锁儿罕失剌倒还可能有一线希望。而且在铁木真被轮流看管期间,锁儿罕失剌一家对他是最好的,他的两个儿子——沉白和赤老温心地善良,在夜晚偷偷卸掉铁木真身上的木枷,让他舒适地休息,而且在搜寻之时,锁儿罕失剌看到铁木真藏于水中也不揭发他,所以,铁木真认为锁儿罕失剌一定能帮他脱险。

作出决定之后,铁木真便动身去寻找锁儿罕失剌的家。锁儿罕失剌作为泰赤乌部的属民,需要通宵达旦地为泰赤乌贵族制作马奶子饮料,因此,铁木真凭着搅乳器搅动的声音很顺利地找到了锁儿罕失剌的营帐。

锁儿罕失剌见铁木真寻来,大惊失色,说道:"我不是告诉你赶

| 邱 | 处 | 机 | 与 | 成 | 吉 | 思 | 汗 |

快去找你的母亲和弟弟吗？为什么要到这来？"他的两个儿子见父亲不想收留铁木真，出面为他求情道："雀儿逃出笼子，逃往丛林之中，丛林还知道为它提供隐蔽之地。今天铁木真投奔到我家来，父亲怎么能说这样的话？"说着为铁木真卸下木枷，投入火中烧掉，他们把铁木真藏在羊毛车中。

　　泰赤乌人在野外搜寻了三天，仍然没有发现铁木真的踪迹，他们认定是有人将铁木真窝藏在家中，便决定搜查各家的营盘。在锁儿罕失剌家，他们每个角落都不放过，将房中、车中、床下都搜遍之后，他们过来要掀开羊毛车上的羊毛。眼看着铁木真的脚就要露出来了，锁儿罕失剌镇静地说："如此热的天，谁能长时间藏在羊毛车中呢？即使是藏在车中，不也早就窒息而死了吗？"搜查的人觉得他说得有道理，便离开锁儿罕失剌的营帐到别家搜查。

蒙古发源地斡难河

锁儿罕失剌绝处逢生，再也不敢收留铁木真，对铁木真说："你差点使我化为飞灰。你快离开，找你的母亲和弟弟去吧。"他为铁木真准备了一匹白口黄肚牝马，一只烤羊羔和两壶马奶，一张弓和两只箭。一切准备就绪之后，锁儿罕失剌就打发铁木真上路了。铁木真一路顺利地回到遭遇泰赤乌人时他们筑寨的地方，但是家人早已离开了，他便顺着家人迁徙时留下的践踏痕迹，在豁儿出恢山附近找到了母亲和兄弟。

全家喜出望外，一片欢腾。为了防止塔儿忽台再次侵袭，他们商议前往不儿罕山桑沽儿河旁，过狩猎牧马的生活。17岁的铁木真仍念念不忘振兴父业，他去岳父德薛禅家娶回了父亲为他定亲的妻子孛儿帖，并得到德薛禅对他事业的支持。但铁木真意识到，要重振父业，必须得到更多人的协助，必须有一个可靠而强大的盟友来支持他。铁木真想到了克烈部的脱斡邻勒汗，也就是王罕，他父亲也速该的安答。

铁木真与两个弟弟合撒儿和别勒古台来到克烈部，将孛儿帖母亲赠送给他家的礼物黑貂皮袄献给王罕。王罕见到铁木真如此敬重自己，当即保证要帮助铁木真振兴也速该曾经建立的王国。铁木真终于迈出了统一大业的第一步。

二、重新崛起的乞颜

此时的蒙古草原，最强大的部落有五个。牧地在杭爱山和肯特山之间的克烈部，占据着蒙古草原的腹心地带，其首领王罕是铁木真父亲的安答，在当时是铁木真的盟友；牧地在今鄂尔浑河、色楞格河下游的篾儿乞部，牧地在今呼伦贝尔地区的塔塔儿部，却都是铁木真的死敌；还有就是牧地在杭爱山和阿尔泰山之间的乃蛮部。铁木真所属的乞颜部本来拥有与上述各部相当的实力，但在也速该去世后，由于内部的纷争，乞颜部的实力有所下降，且铁木真最开始能控制的仅是乞颜部中相当少量的部众。

就在铁木真刚刚聚集起少量部众，准备自成部落的时候，他就不得不面对篾儿乞部的袭击。篾儿乞部为报复当年也速该抢走了诃额仑，而掳走了铁木真的妻子孛儿帖，一起被抓走的还有诃额仑的侍妪豁阿黑臣，以及也速该的别妻，即别勒古台的母亲速赤格勒。铁木真求助于王罕，王罕与篾儿乞部早有旧仇，便答应了铁木真的请求，并且建议铁木真邀请他的安答札木合共同起兵。

这是一场大规模的部落联盟战争，王罕出兵两万作为联军的右翼，札木合当时领导着一个强大的部落，也出兵两万作为联军的左翼，并由札木合统一指挥作战。札木合的两万部队中，有一万是原本隶属于也速该的部众，于是札木合将这一万兵马交予铁木真指挥。三方在札木合的统一指挥之下向北挺进，来到了篾儿乞部首领脱黑脱阿的营地。联军乘着夜色突袭篾儿乞部，掳走了篾儿乞部的妇女和孩子，而脱黑脱阿在接到报警后带着几个亲信逃走了。

在溃败四散的篾儿乞部百姓中，铁木真搜寻着孛儿帖

第一章 从铁木真到成吉思汗

的身影,孛儿帖与仆人豁阿黑臣夹杂在逃难的人群中,听到铁木真的呼喊,顺声寻来,拉住铁木真的马缰,夫妻终于重逢。铁木真派人告诉札木合和王罕:"我所失去和寻找的,现在已经找到了。我们不要夜行,就在这里宿营吧。"

这次战争是铁木真经历的第一次真正的大战役,从这次战役中,铁木真不仅学到了一系列的作战方法,更重要的是铁木真获得了原属于父亲也速该的一万兵马,开始有了自己的部队,成为蒙古草原上新崛起的力量。

战争结束后,王罕就与铁木真和札木合分手,回到自己的营地黑林。铁木真与札木合则结为盟友,合营于斡难河附近的豁儿豁纳黑草

蒙古征战图

原。在庆祝战争胜利的宴会上,铁木真与札木合第三次结为安答,并对天盟誓:"我俩铁木真与札木合,愿再结安答盟好,互亲互爱、相依为命,生死与共、永不分离。"两人着手复兴蒙古王国。但两头政治是不稳定的,两位安答各有各的想法,这种联盟关系仅维持了一年半,便宣告决裂。

在第二年移营转场之时,铁木真和札木合率领队伍走在最前面。突然札木合说道:"如果依山驻营,则有利于牧马;如果邻河扎营,则有利于牧羊。"他以隐晦曲折的方式表达了想要分营的意图。铁木真一时没有听明白札木合是什么意思,便去请教自己的母亲。还没等诃额仑说话,孛儿帖夫人抢先说道:"我听闻札木合向来喜新厌旧。现在看他的言行,怕是厌烦我们了。刚才他说的那番话,一定是针对我们说的。今夜我们就好聚好散,不要跟札木合一起合营了,连夜兼行到其他地方去驻营吧。"见诃额仑也赞同孛儿帖的观点,铁木真便决定离开札木合的队伍。

在夜间行走时,铁木真的队伍正好经过泰赤乌人的营地。他们以为是铁木真来袭击,就赶忙投奔札木合而去。

在铁木真与札木合分营的这个夜晚,有不少部落的人跟随铁木真而去。这些人大多出身于弱小的家族,需要依附于强大的首领以求得保护。他们在与铁木真的接触中,感受到铁木真的气魄,认为他将来必定大有作为。在铁木真与札木合分营之时,他们毫不犹豫地选择了跟随铁木真。之后,不断有人离开泰赤乌部和札木合来投靠铁木真,一些有影响的部族甚至一些有名望的乞颜部贵族也离开札木合,带着他们的部属投到铁木真帐下。这些贵族有铁木真的叔叔答里台、堂兄弟忽察儿、主儿乞部的撒察别乞和泰出、忽图剌汗之子阿勒坛。铁木真的势力得到了空前的加强。

随着前来归附铁木真的部落日益增多，以及乞颜氏贵族的重新聚首，重建乞颜贵族联盟，选出一个共同的汗成为大势所趋。这几个贵族都想当盟主，而且他们都是铁木真的长辈或长兄，但这几个人经过这些年的纷争，实力大减。而铁木真就大不一样了，不仅百姓归心，还有强大的克烈部王罕的支持，再加上萨满教长豁儿赤制造的铁木真定会成为共主的神圣舆论，铁木真成为新汗也就是理所当然的了。在贵族会议忽里台上，蒙古亲王们共同推举铁木真为可汗，并对铁木真立下了誓言："出战时愿做先锋，为大汗破敌，将俘获的美女都送至大汗帐下；打猎时愿作大汗的先驱，为大汗围猎；无论战时还是平时，都不违背大汗的号令和旨意，如若违背，甘愿受到重罚。"

铁木真并不满足于贵族联盟那种松散的体制，他认真地着手改革，以加强自身的权力和对联盟的统治。铁木真凭借那可儿（即亲兵）的力量，建立了一套宫帐制度"窝里朵"，各个职务都由自己的亲信担任。铁木真任命的这些人大部分都是出身低微的属民和奴隶，是铁木真忠实的追随者和拥护者，是绝对服从铁木真的。这样一来就打破了各部贵族们对权力的垄断，对铁木真势力的发展壮大发挥了重要的作用。

铁木真成为乞颜部的可汗，在蒙古草原上是一件大事，他根据草原上的礼节，派出使者去向盟友王罕和札木合通报，以获得承认和支持。王罕对铁木真称汗一事表示高兴，并表示将永远支持蒙古新立之汗。但是，当使者阿勒坛、忽察儿向札木合通报铁木真称汗之事时，札木合一面严厉地斥责二人离间他与铁木真的关系，一面又表示希望他们日后忠诚地对待铁木真。事实上札木合认为自己实力最强，自己才是称汗的最好人选。铁木真与札木合之间的冲突是不可避免的了。不久之后，因为一件小事，引发了二人之间的第一场战争。

札木合的族弟给察儿抢劫了铁木真营地的马群,被铁木真的属部拙赤答儿马刺追上用箭射杀。札木合以为族弟报仇为由,联合泰赤乌部,纠集了十三个部落发动对铁木真的袭击。铁木真也组织了十三翼部众迎战,这就是蒙古历史上非常有名的十三翼之战。由于札木合有备而来,铁木真敌不过札木合部队的冲击,退守斡难河的哲列捏峡谷。札木合得胜而归,将虏获的战俘用 70 口大锅煮死,其手段残忍至极。铁木真宽厚待人的态度与札木合形成鲜明的对比,这使更多的部众离开札木合投奔铁木真。十三翼之战中铁木真虽然失败,但他收获了更多忠心的部众,威望反而更高了。

1196 年,塔塔儿部反叛金朝,金朝右丞相完颜襄讨伐塔塔儿部,塔塔儿部被击溃,余众逃往斡里札河,来到铁木真营地附近。铁木真的祖先俺巴孩汗是被塔塔儿人捉住献给金朝的,铁木真的父亲更是被塔塔儿人毒死的。铁木真决定利用这个良机与金军配合讨伐塔塔儿部,报父祖之仇。铁木真照旧得到了盟友王罕的支持,铁木真与王罕联军从侧后突袭,一举攻下塔塔儿人的两座营寨,斩杀其首领,并俘获了大量的战利品。

完颜襄非常满意铁木真和王罕的行动,赐王罕以"王"的称号,他的"王罕"的名号就是由此而来的;以铁木真为"札兀惕忽里",即诸部统领。这代表着铁木真的地位得到了金朝的承认,正式成为金朝官员,而不再是各部落推举的联盟首领,他的统治权力和号召力得到大大的加强。

1986 年,蒙古国立大学的沙格德尔苏伦与苏密亚巴托在距首都乌兰巴托 200 公里的肯特县九峰山考察时,发现了当年完颜襄留下的纪功石碑,学界称之为"九峰石壁纪功碑"。

但当铁木真回到自己营地后发现,主儿乞部趁他外出之时袭击了

第一章 从铁木真到成吉思汗

《九峰石壁纪功碑》

1行目　大金开府仪同三司尚书右丞
2行目　任国公□宗室襄□
3行目　帝命帅师讨北木李背叛由
4行目　阿剌胡□乞罕赤绫□韩礼
5行目　迭□真到里马□
6行目　剌□至乌□扳
7行目　□核□□
8行目　玦师□明昌七年六月　日
9行目　山名日□□□

《九峰石壁纪功碑》汉文、女真文摹本

17

他的营地,抢走他的财物,杀害他的部众,这使铁木真非常恼火。主儿乞部一直是乞颜联盟内与铁木真争衡的一支力量,不止一次与铁木真发生争执,而铁木真为了顾全大局都容忍了下来。在这次进攻塔塔儿部时,主儿乞部不但没有参加为父祖复仇的战斗,还偷袭铁木真的营地。铁木真趁此机会向主儿乞部进兵,处置了主儿乞部首领撒察别乞和泰出,将主儿乞部百姓收进自己的属部,彻底制服了这支内部争衡势力。

乞颜联盟的力量和铁木真的权力得到巩固后,铁木真开始向整个漠北草原扩张自己的势力。因为泰赤乌部和札木合与他有很深的矛盾,于是,他决定首先争夺被泰赤乌部和札木合占据的东部草原。

三、统一蒙古草原

蒙古部落中那些反对铁木真的部落，眼看着铁木真的势力日渐强大，非常担忧。于是他们组成联盟共同对抗铁木真，这个联盟的盟主就是札木合。

1201年，札木合召集了泰赤乌、弘吉剌、塔塔儿、篾儿乞、乃蛮等十二部会盟，商议共同攻打铁木真。但是，他们准备偷袭铁木真的秘密没有保守住，豁罗剌思人豁里歹向驻扎在古连勒古山的铁木真告密。铁木真马上向克烈部王罕求救，王罕立即起兵与铁木真会合。铁木真以阿勒坛、忽察儿和答里台为先导，王罕以其子桑昆、札合敢不和必勒格别乞为先导，两支部队顺怯绿连河而下，来到阔亦田之地。这时札木合联军的人马也来到了这里。双方正面相对时，天色已晚，他们决定休息一夜，明日再战。

次日黎明，两军对阵于阔亦田，双方反复厮杀，僵持不下。札木合联军中的不亦鲁黑汗和忽都合别乞自称懂得法术，能够呼风唤雨。他们祭起札答石，口念咒语，果然暴风雨从天而降，但风势的方向突然逆转，把暴雨都刮向了札木合的军队，导致札木合联军有许多人坠入深涧，无法继续作战。他们哀叹失去了上天的庇佑，纷纷四散逃命，札木合的联军就这样败退了。札木合联盟本身就是一个松散的组织，一遇到危难众部落就各自逃命，而札木合作为联盟的盟主，在危难时不但不组织救援，反而违背传统，趁此机会抢劫同盟者的财物，这种行为使札木合失去了最后的支持者。

铁木真与王罕分兵追击：王罕沿额尔古纳河追击札木合，札木合无奈归顺了王罕；铁木真则沿斡难河追击泰赤乌部。

在斡难河边，铁木真的部队与泰赤乌部的军队相遇，泰赤乌部准备做殊死的抵抗。战争十分激烈，双方反复鏖战，不分胜负，直至天黑。铁木真又被流箭伤及锁骨，只好暂时扎营而宿。

铁木真回营之后血流不止，昏迷不醒。铁木真的那可儿者勒篾守在他身边，为他吮出瘀血。直到后半夜，铁木真才苏醒过来，含糊地说道："血已经流干了，我现在渴得很。"者勒篾立马脱掉衣服，赤身前往敌营中为铁木真搜寻马奶。他找到一桶奶酪，带回来用清水调稀，一口一口地喂铁木真，铁木真饮后逐渐恢复了体力。

次日天一亮，铁木真发现泰赤乌部众自知不是对手，已经在夜里逃走。铁木真立即组织部队追击，并招降了还没有逃走的百姓，这些百姓中包括曾经救过铁木真的锁儿罕失剌，还有射伤铁木真的只儿豁阿歹。铁木真十分佩服只儿豁阿歹的诚实、勇敢、善射，将他收为那可儿，并为他取名"哲别"。正是这位哲别，后来成为优秀的蒙古将军，在追随成吉思汗西征时，率领一支万人骑兵，纵横整个东欧，如入无人之境。

铁木真用武力征服了泰赤乌部落，招纳了依附泰赤乌的百姓和属民。对于泰赤乌氏家族的人，铁木真赶尽杀绝，只有塔儿忽台逃入山林之中。

打败了札木合和泰赤乌部，基本统一了蒙古草原东部地区之后，铁木真部的实力已经远远超过草原许多部落之上，铁木真也真正着手统一蒙古草原的大业了。1202年，铁木真决定进攻他的另一个世仇部落，也是当时草原上最强大部落之一的塔塔儿部，将此作为其统一草原的第一战。

由于这次铁木真是单独作战，在战前他颁布了大扎撒令，规定：

如果战胜敌军，不可停止前进，私自争抢财物，所有财物要在战事结束后，统一分配；如果我军被击退，退到列阵出发地，必须止退反攻，不回攻者斩。大扎撒令的执行权完全掌握在铁木真一人手中，大汗的专制权力愈来愈强。

铁木真与塔塔儿部在答兰捏木格思地方对阵，铁木真的部队号令严明，个个奋勇直前，将四个塔塔儿部落全部歼

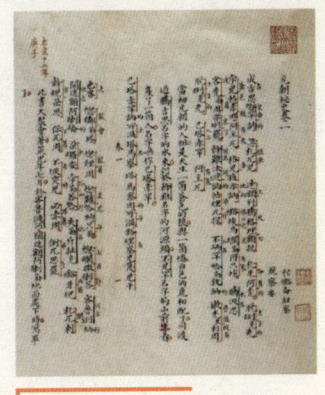

《元朝秘史》书影

灭。贵族们商议决定对塔塔儿部俘虏实行屠杀，把塔塔儿部的身有车高的男子全部杀死，将妇女和小孩作为奴婢。铁木真还收纳了也遂和也速干两位塔塔儿女子为可敦。

在这场战争中，阿勒坛、忽察儿和答里台没有听从号令，私自抢夺财物据为己有，铁木真为严肃军纪，派人将他们三人所夺财物收回。同时，由于别勒古台泄露贵族会议上商议的屠杀塔塔儿人的机密，铁木真自此禁止别勒古台和答里台参加亲族大会。由此，铁木真作为大汗的权威得到进一步确立，蒙古草原的统一战争也进入了一个新的阶段。

蒙古草原实力最强的五大部落中的两个，篾儿乞部、塔塔儿部都已经被铁木真征服，蒙古部的势力空前膨胀。能够与蒙古部抗衡的，仅存占据着蒙古草原中部地区的克烈部和草原西部的乃蛮部了。而克烈部的首领王罕，不仅是铁木真父亲也速该的安答，也是铁木真崛起过程中的盟友，很自然地，这场草原各部的角逐，最终演变为克烈部、蒙古部联手对付乃蛮部的局面。

1202 年，铁木真与王罕合兵进攻乃蛮部的不亦鲁黑汗。在乞湿泐

巴失湖，不亦鲁黑汗被彻底击败。在铁木真与王罕联军回营的途中，在拜答剌河谷遇到乃蛮部塔阳汗的战将可克薛兀，他在这里扎营堵截铁木真和王罕的联军。由于天色已晚，双方商定明日再战。

夜晚，王罕听信札木合的谗言，虚燃起一堆堆篝火，却偷偷撤走自己的兵马，离开战场，留下铁木真单独面对敌人。铁木真完全没有料到会出现这样的事情，第二天一早他发现王罕抛下自己独自逃走后极其愤怒。为了摆脱险境，铁木真也立即率部队撤离战场。

可克薛兀发现铁木真与王罕都已逃走，便朝王罕逃走的方向追来。在帖列格秃山口，克烈部遭到可克薛兀的突袭，不仅损失了大量的百姓和牲畜，连王罕独生子桑昆的妻子儿女也被掳走。王罕没有办法，只好向他之前抛弃的铁木真求援。铁木真不计前嫌，派出手下四杰——博尔术、木华黎、博尔忽和赤老温前去支援王罕。四杰赶到之后，救出桑昆，又打败乃蛮部，帮克烈部夺回被抢走的百姓和财物。

王罕对于铁木真的救援非常感激，与铁木真又一次会盟，结成义父子关系。而王罕的独子桑昆却从此将铁木真视为有可能与之争夺汗位的竞争对手。桑昆还拒绝了铁木真联姻的请求，这使得铁木真与克烈部的关系逐渐疏远。

札木合不甘心失败，在看到铁木真与克烈部之间的裂痕后，他开始拉拢桑昆共同谋划除掉铁木真。王罕起初不同意对抗铁木真，被他们反复劝说，最后也就答应了。他们以答应铁木真的求亲为诱饵，骗铁木真来赴订婚宴，计划在订婚宴上捉住铁木真。但铁木真觉得此事必定有诈，以"开春马瘦，欲饲我马"为由拒绝赴宴。见铁木真不肯前来赴宴，王罕与桑昆明白计谋已经败露，随即与其他几人商议第二天发动对铁木真的突袭。牧奴巴歹和乞失里黑听说此事后，连夜飞马赶到铁木真的营帐报信。铁木真立即决定放弃一切辎重，轻装撤离，向卯温都儿山后转移。

第二天中午，当铁木真来到合兰真沙陀歇息之时，王罕的追兵到来，双方展开激战。

这是铁木真面对的最为艰难的一场战争。铁木真与王罕的实力相差悬殊，铁木真的部队几乎难以支撑，但仍赴死拼杀。这时桑昆来到阵前，术赤台搭弓射箭，一箭射中桑昆的面颊。王罕在抢救儿子的同时仍然没有停止进攻，直到天色暗了下来，双方才停止战斗。为了救治儿子桑昆，王罕决定收兵。铁木真的部队也撤离了战场。

天亮后，铁木真在清点人马时发现不见博尔忽、博尔术和儿子窝阔台三人，铁木真认定他们生死都不会分离，命令部队原地冒险等待三人。不久，博尔术归来。片刻之后，博尔忽远远地骑马赶来，走近之后才发现原来是一骑两人。窝阔台颈部受箭伤，博尔忽以口吮污血，血污沾了满嘴。铁木真见到儿子受伤很是心疼，伤心的眼泪夺眶而出。他一边救治儿子，一边听博尔忽述说敌情，最后激动地下令："敌来就拼死一战！"

在整顿好兵马之后，铁木真率众退到答兰木儿格思地方，再度清点兵马，只剩2600人。再次起营沿合勒合河前行之时，因为没有粮草，他们只能狩猎充饥。在战争中受伤的畏答儿为了寻找食物，在围猎时伤口迸裂而亡，这使铁木真非常痛心。在行进到班朱尼河畔时，是铁木真与将士们最为艰难的时刻，只能饮浑水来解渴。铁木真对那些仍然追随于他的将领们盟誓道："假使我能克定大业，我当与你们所有人同甘共苦。假如我违背此言，就如同这条河水一样有去无回。"铁木真虽然战败，却没有失去斗志和雄心，"同饮班朱尼河水"的人后来也都成为蒙古帝国的开国元勋。

铁木真率队最后来到捕鱼儿湖（今贝尔湖）附近，顺利招抚了在这里放牧的弘吉剌部,在这里驻扎下来,整顿兵马,召集失散的百姓。

铁木真为了给部队赢得更多的休整时间以恢复实力,且为了争取人心,他以议和为名派使者到王罕处,送来了有名的《成吉思汗诉状》,责备王罕等人背信弃义的行为。这篇诉状陈述了也速该与铁木真对克烈部王罕的支持与帮助,当初王罕刚登汗位时,克烈部产生内讧,是也速该救助了他,并与他结为安答;后来王罕又一次在内讧中失利,沦落到四处流浪的悲惨处境,是铁木真帮助他重登汗位,并与之结为父子;在铁木真与王罕联军进兵乃蛮部时,王罕受人离间偷偷撤兵,在王罕遇到危难时,铁木真仍不计前嫌地帮助王罕脱难。而王罕却不念及这些情谊,背信弃义,恩将仇报。王罕听到诉状后感到非常羞愧,当即表示了和好之意,并刺血为誓。

铁木真在给札木合的传语中,言辞犀利地指出了札木合的嫉妒之心和挑拨离间的行径。他说:"你不能直接战胜我,就唆使离间我与父汗。"诉状中提及一件事情,将札木合的心态暴露无遗,"昔日我们俩在父汗营盘内共饮马奶酒,早晨我起得早一些,先用父汗的酒杯饮了马奶酒,你就嫉恨我。现在你把我逼走了,你可以一个人在父汗那儿尽情地喝酒了"。对于背叛铁木真的蒙古贵族,铁木真的诉状也是责之以理,以情感召。

铁木真老练的外交行动,达到了离间敌人关系的目的。札木合与阿勒坛、忽察儿等人在得知王罕的态度之后,与其他部落首领商议推翻王罕,另选盟主来对抗铁木真。但这一计谋还没有来得及实施,就被王罕发现并将其讨平。札木合、阿勒坛、忽察儿等向西去投奔乃蛮部的塔阳汗,答里台回来投靠了铁木真。

桑昆对于铁木真的诉状十分愤怒,并对其父王罕也愈来愈反感,扬言要攻打铁木真。对于桑昆的对抗，铁木真因实力尚未恢复，对此有所畏惧，便移营至蒙古的最东北边界巴勒注纳湖附近。铁木真在这里养精蓄锐，积蓄力量，他还在此结识了一个花剌子模商人阿三。铁木真在生活十分艰难之时还热情款待了阿三，这使阿三非常感动，把用来经商的1000只羊全部献给了铁木真。到1203年，铁木真的百姓属民重聚起来，他的军事力量得到了恢复。

铁木真与弟弟合撒儿开始商议进攻克烈部王罕。在发动进攻之前，他们先以合撒儿归顺来迷惑敌人，并刺探对方的军情。王罕信以为真，还派使前来迎接合撒儿。王罕的使者来到约定地点之后才发现有诈，但为时已晚。铁木真当即率军夜袭王罕，王罕正在为合撒儿的归顺准备大摆筵席，对铁木真的突袭完全没有防备。铁木真以主儿扯歹和阿儿孩为先锋，自己率大军紧随其后，包围王罕扎营之地，王罕连夜逃走。铁木真在取胜之后，将克烈部的百姓按功劳分赐给手下将领。

王罕父子在逃跑之后再也没能重整旗鼓。王罕一直埋怨是儿子桑昆让他陷入这背信弃义的境地，对桑昆是愈来愈多地指责和咒骂，桑昆对父亲也是愈发厌烦。在乃蛮边境，王罕饥渴难耐，桑昆却不予理睬，王罕无奈只得自己找水喝，在找水时误入乃蛮境，被防守边境的豁里速别赤抓获，虽然他极力辩解说自己是克烈部的王罕，但他落魄的样子怎么看也不像大汗，豁里速别赤不容分说斩杀了王罕。名噪一时的王罕就这样结束了他的一生。

桑昆则向另一方向逃窜，途中，他的坐骑被掌马人阔阔出骑走，去投奔铁木真，桑昆没有了坐骑，只好徒步继续流浪。他与残存的部下，先是在西夏边地充当草寇，以抢劫度日，不久被西夏人驱逐，又窜到西辽继续为盗，最后被乞勒赤那颜所杀。

王罕父子的覆灭，标志着草原上又一个强大势力为铁木真所征服，克烈部被并入蒙古部。铁木真统一漠北草原的战略就只剩下最后一步——剿灭乃蛮部了。铁木真的实力空前增强，整个漠北草原，他占有三分之二，统一草原只是一个时间问题。

在确认王罕被自己的部下斩杀之后，乃蛮部的塔阳汗决定祭奠一番。他命人将王罕的头颅装饰一番，放在大白毡上进行祭奠。但在祭奠时，塔阳汗却看见王罕的人头竟然发出微笑，他认为这是不祥之兆，顿时恼怒地把王罕的头颅扔在地上，用脚踏碎。大将可克薛兀见此情景，叹息道："你竟然断下了死去的王罕的头颅，又将其踏碎，真是残忍至极。如今犬吠之声如此急恶，是不祥的征兆，我们乃蛮部即将被毁灭了啊！"

塔阳汗是一个懦弱无能又狂妄自大的人，面对部下的指责，说道："天上可有日月二星，地上则只可有一汗也！"决意起兵攻打铁木真。但是，面对铁木真力量的增长，塔阳汗也知道，仅凭乃蛮部的实力是不可能战胜铁木真的，于是联合汪古部共同出兵。汪古部不仅直接拒绝了塔阳汗的请求，还遣使将此事告知铁木真，让铁木真提前做好准备。

此时铁木真正在骆驼草原围猎，得知突变，马上停止围猎，召开会议商议对策。这时正是1204年的春天，大多数人以春天马瘦不宜作战为由，建议推迟作战的时间。铁木真的小弟弟帖木格却主张立即出征乃蛮部。帖木格说："怎么可以以马瘦作为拒绝战争的理由呢？听到这个消息，我们怎么能坐以待毙呢？难道要坐等被塔阳汗擒获，给后世留下骂名吗？"别勒古台也同意帖木格的看法。铁木真对两位弟弟的战斗热情很是赞赏，采纳了他们的建议，下令罢猎，准备征战乃蛮部。

在出征之前，铁木真在建忒该山对军队进行了一次意义重大的整编。建立千户编制，设立十户、百户、千户；建立护卫亲军，从千户长、百户长的子弟中挑选勇士为铁木真护卫；建立侍卫制度，伴随铁木真左右处理具体军政事务。此次改编加强了地缘组织形式，加强了铁木真的集中权力，大大增强了军队指挥调度的统一性。

1204年，即蒙古纪念鼠儿年夏四月十六日，铁木真率部队在合勒合河畔举行祭旗出征仪式，命哲别、忽必来为前锋向西进发，铁木真率众紧随其后。这时塔阳汗的部队也越过阿勒台山（即今阿尔泰山）向东进兵，驻营在杭海山（即今杭爱山）的合池儿河边。塔阳汗的联军还包括被铁木真击败的各部落残余势力。

在斡耳罕河一带，两军的前锋相遇，展开了一场前哨遭遇战。经过长途跋涉，铁木真的兵马确实疲惫。朵罗扯儿必建议广布疑兵，虚设篝火迷惑塔阳汗，软弱无能的塔阳汗必定会慌乱不堪，待兵马恢复体力之后，趁乱逼近塔阳汗的大本营。铁木真听从了他的建议。

果然，塔阳汗得知铁木真兵马众多的消息后，对其子屈出律传旨说要避敌锋芒，先诱敌深入，等铁木真兵马疲惫之时再伺机出击。屈出律听后，对父亲这种胆怯逃避的做法痛加指责，并当着使者的面讥讽自己的父亲。大将豁里速别赤对塔阳汗的这种做法也是大失所望。塔阳汗遭到儿子和属下的奚落，非常恼怒，说道："与其活着受辱，不如拼命战死。"遂命令全军起营直奔铁木真而来，准备决一死战。

铁木真接到报告后马上整治兵马，自己率护卫亲军作为前锋；命合撒儿统帅中军，帖木格掌管马匹做支援；还提出了"三如战法"——进如满山丛草，阵如遍地流水，攻如锋利穿凿。在山下列阵的塔阳汗见蒙古军队来势凶猛，问旁边的札木合这些勇猛的战将是谁，札木合为塔阳汗绘声绘色地一一解说。塔阳汗被吓得失魂落魄，下令军队一退再退，最后退至山峰，无路可退。札木合见塔阳汗如此胆怯，毫无反击之意，便抛弃塔阳汗逃走。

为了防止塔阳汗半夜逃走，铁木真率军攻山，包围了纳忽崖。豁里速别赤等几位大将率部迎击，全部战死。夜半，其余乃蛮军争相从山后悬崖逃遁，大部分跌落而死，塔阳汗也受重伤，不久死去。屈出律因为与塔阳汗分开设营得以逃脱，投奔叔父不亦鲁黑汗而去。

平定乃蛮部之后，铁木真又率军收服了篾儿乞余部，只有脱黑脱阿父子逃脱。在1205年春天，在索果克河将乃蛮部的不亦鲁黑汗擒杀，脱黑脱阿父子和屈出律再次往西逃窜。铁木真终于统一了蒙古草原，原本仅是称呼蒙古一部的"忙豁勒"（蒙古）一名，也逐渐开始指称整个草原。

铁木真的劲敌札木合，在逃到傥努山（即今唐努乌拉山）时，被他自己仅剩的五个那可儿擒拿，押送到铁木真处。铁木真处死了这五个背叛主人的那可儿，却不知道应该如何对待札木合，这位自己童年的挚友、三次结拜的安答和半生的死敌。最后，是札木合自己平静地提出："天下大事已定，我现在只求速死，这样，安答以后就可以安心了，但是我最后还有一个请求，就是希望安答念在我们过去的情分上，赐我不流血而死。"

当时的蒙古人相信，人的灵魂存在于人的血液之中，不流血而死，就能保全死者的灵魂。铁木真答应了札木合最后的请求，并厚葬他。

四 成吉思汗的对外征伐

1206年,蒙古各部王公贵族齐聚斡难河源头,召开忽里台大会,一致推举铁木真为草原各部落共同的大汗。

一个著名的萨满巫师阔阔出,号"帖卜·腾格里",即通天巫,声称能与上天沟通,他自称得到上天的启示,对铁木真说:"如今大地上被称为古儿汗的诸汗,都已经被你降服了,他们的土地和人民也都属于你了,你应当有个普天下之汗、诸王之王的新尊号,上天的旨意是命你称成吉思汗。"

在此之前,蒙古部落中势力强大的汗往往称"古儿汗",汉文史籍里也写作"菊儿汗"、"葛儿汗",意思是诸汗之汗、大汗。铁木真的安答札木合就曾被诸部拥立为古儿汗,被铁木真打败的乃蛮部塔阳汗也曾自称古儿汗。铁木真已经吞并了几个古儿汗的领地和人民,再称古儿汗自然不能体现其地位的特殊性,阔阔出的建议可以说正中其下怀,铁木真接受了他的建议,从此开始称成吉思汗。"成吉思"的意思,学者说法不一,有人说是"强大"或者"大海",有人说是"光的精灵",有人说是"天赐",但更为普遍的解释是,蒙古语"成"为气力强固,"吉思"为多数,成吉思即"强盛伟大的君主"。这本来是蒙

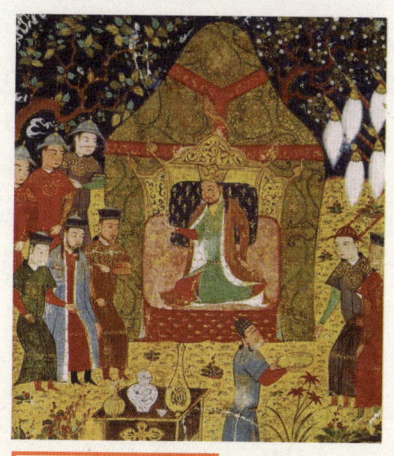

成吉思汗统一蒙古部

邱处机与成吉思汗

古君主的称号，可是在铁木真之后，再没有哪位可汗敢使用这个名号，成吉思汗竟成为铁木真的专称。

成吉思汗不仅确立了新的名号，还设定以九脚白旄纛作为汗权的象征。蒙古人以九为吉祥数或极数，认为白色象征着高贵纯洁，因此用九条白马尾系于旗杆，这种大旗被称为九脚白旄纛。此后，凡是大汗即位或是大汗亲征，都要竖起九脚白旄纛，他们相信，九脚白旄纛就是战争守护神"苏鲁定"的所在，能引导蒙古人的军队走向胜利。还有一种特殊的长枪，也被称为苏鲁定，或苏鲁德，是战神的标志，经常插在敖包的外面。

苏鲁定

正是在这次会议上，确定国号为"也客·忙豁勒·兀鲁思"，意即大蒙古国，其所属诸部皆称蒙古。这一年，铁木真45岁，距离他开始走向战争，振兴父业，已经过去了二十几个年头。

草原统一了，蒙古各部的内战结束了，但战争却远未结束，而是推向蒙古草原之外，逐渐地推向了整个欧亚大陆。

成吉思汗兴起时的中国其他地区，处于南北对峙的割据时代。新兴的大蒙古国的东部和南部是金朝。金朝是由发源于中国东北地区的女真人建立的王朝，疆域包括华北平原，向南至淮河与南宋交界。大蒙古国的西南，是羌人的一支（即党项人）建立的西夏国，占据今天的宁夏至河西走廊一带。再向西，是高昌回鹘，占据今新疆东部。再向西，就是占据漠北的西辽了，契丹人建立的辽朝被金朝灭亡以后，大将耶律大石率部西迁，在漠北建立起自己的政权，仍沿用从前的国号，称辽，历史学家为了区别于从前的辽王朝，称之为西辽。西夏和西辽南部是吐蕃诸部。今云贵高原还存在另一个政权——大理。

金朝鼎盛时曾经统治过蒙古草原，当时的草原各部都隶属于金朝，包括蒙古部。传说，为了使草原民族没有实力反抗金朝的统治，金朝曾经对草原实行残忍的"减丁"政策，每隔三年就要派部队进入草原，将遇到的高过勒勒车车轮的男子全部杀掉。勒勒车又名大辘轳车、罗罗车，"勒勒"原是牧民吆喝牲口的声音。勒勒车常用牛来拉，所以也叫蒙古式牛车。其车轮高大，便于在没有道路的草原上行进。

金朝是否真的严格执行过"减丁"政策，学者间不无争议，但蒙古俺巴孩汗死于金朝之手，却是无可置疑的事实。建立大蒙古国之后，成吉思汗就在思考征服金朝的问题。由于当时金朝和西夏同盟，两国的疆域相连，几乎在南部构成对大蒙古国的半包围，但两线作战显然是不明智的，成吉思汗选择实力相对较弱的西夏作为突破口，要先征服西夏，以消除将来进军中原时的侧翼威胁。

在成吉思汗西征前，大蒙古国先后对西夏发动了三次进攻。蒙古军第一次进入西夏是在1205年，此次出征西夏的原因是追击王罕之子桑昆。在桑昆逃走之后，成吉思汗便没有再深入西夏腹地。在对攻占的西夏若干城镇进行洗劫后，蒙古军带着大量的战利品返回了草原。1207年，成吉思汗再次出兵征讨西夏，蒙古军用了五个多月才攻克西夏的军事重镇斡罗孩城，终因粮草匮乏不敢继续深入。第三次进攻西夏是在1209年秋，经过前两次的演练，成吉思汗变换战法，在进攻克夷门时以退兵诱敌之法取胜，在进攻中兴府时由于久攻不下，成吉思汗又通过谈判迫使西夏请和。此次进攻西夏，蒙古军大获全胜，西夏被迫向蒙古称臣纳贡，西夏国主李安全还将女儿察合公主献给成吉思汗为妃。

在此次蒙古与西夏的大战中，金朝竟然撕毁与西夏联合抗蒙的协议，拒绝了李安全救援的请求，金朝的统治者竟然公开说："敌人相战，吾国之福，何患之有！"失去后援的李安全终于倒向了蒙古。

李安全甚至对成吉思汗大表忠心："一听到你成吉思汗的威名我们就有些害怕，今神驾降临的亲征更是使我们惧怕不已。今后如果大汗征伐金国女真，我们降服了的党项愿作你的右手为你效力；如果大汗征讨花剌子模，我们愿作你的左手。"1210年年初，李安全从西夏各地征缴的贡品都送到了成吉思汗的大营中，成吉思汗的部队赶着大批骆驼，带着大批贡品回到萨里川。

消除了来自西南方向的威胁之后，第二年，蒙古国的兵锋就指向了金朝。

女真人本来也是骁勇善战的民族，当年金朝开国皇帝完颜阿骨打起兵反辽，部队还不到一万人，可是仅仅十余年，女真人就灭亡了此前对峙一个半世纪以上的辽和北宋。但是，女真建国并占据中原已近一个世纪了，在中原地区与汉人杂居的女真人早已从事农业生产，并在风俗文化上逐渐汉化，彪悍的民风荡然无存。女真人的部队也因享乐和安逸导致战斗力下降。

中国北方的骑马民族在征服中原汉族以后，往往为汉族的文化所征服，当他们下马耕田，成为中原的自耕农，逐渐汉化之后，等待他们的命运只能是被此后新兴起的北方骑马民族当成汉人加以征服。这几乎是北方民族难以打破的悖论，女真人也不例外。

早在1208年，金章宗死后，卫绍王永济即位，蒙古作为金朝的附庸，接到要其进贡的传召。成吉思汗得知即位的是他之前就认识的平庸怯懦的卫绍王后,不肯按以往的规定跪拜受诏,自此决心与金朝争夺中原,断绝了与金朝的来往。

1211年春,成吉思汗在怯绿连河畔召开大会,以为先祖复仇、为辽朝复仇为由,决定发动对金朝的战争。只留下2000士兵驻守大营和巡察边防,成吉思汗带着他的几个弟弟及四个儿子,术赤、窝阔台、察合台、拖雷,以及所有蒙古精兵良将,展开对金朝的决战。在出征前,成吉思汗独自登上山顶,脱掉帽子和腰带,跪地祈求长生天的相助。他祷告说:"长生天啊!金帝辱杀我的先人,如果上天许我复仇,请为我增加力气并命地上的人和神灵都来帮助我吧!"

成吉思汗率大军从怯绿连河南下,直抵汪古部的营地。汪古部为金朝驻守西北边境,但在几年前,汪古部已经投靠了成吉思汗,又与成吉思汗有姻亲关系,这为蒙古进攻金朝打开了方便之门。在得知蒙古入侵和汪古部叛变的消息之后,金廷也匆忙开始做战争准备,派兵修筑了边防重地乌沙堡,又加强乌月营的驻兵。但这些地区都被蒙古大军轻而易举地攻陷,蒙古军包围了金朝的西京(今山西大同),西京留守纥石烈执中(本名胡沙虎)未经认真抵抗就率部逃往中都。

为阻止蒙古军队深入,金军放弃昌州、桓州、抚州,集中兵力于野狐岭,准备在此一举击败蒙古军。完颜承裕的军师建议,在蒙军洗劫抚州无所防备之时对其发动突袭,但是完颜承裕却认为这条计策太过危险,未予采纳。

成吉思汗进入野狐岭后,发现金兵多于蒙古军数倍,蒙古军处于数量上的绝对劣势。金军见蒙古大军已到野狐岭,便调动兵马对其合围。成吉思汗观察到金军在调动兵马时露出一个空隙,马上抓住这个有利时机,下令向金军的缺口处猛攻。蒙古军虽勇猛善战,但是金军兵马众多,双方一时僵持不下。

木华黎对成吉思汗说:"彼众我寡,不致死力战,难以破敌!"遂请令率敢死将士冲锋于金军阵中,冲破金军即将合拢的阵营。成吉思汗带领大军紧随其后,杀入金军阵营,金军大败。完颜承裕急率金军撤退,以择地再战。但是成吉思汗一路追杀,不给金军喘息的机会。途中,不少土豪愿为金军助战,但完颜承裕完全不敢应战,只顾逃跑。

在浍河堡,金军被成吉思汗率军追上并全歼,完颜承裕逃脱。野狐岭与浍河堡之战,蒙古军获得重大胜利,史称"金人精锐尽没于此"。

随后,成吉思汗以哲别为前锋进军居庸关。哲别以诱敌之计引金军出关作战,攻取居庸关直抵金中都(今北京市)。由于金中都守卫严密,蒙古军攻城不下,只得回师。途中突袭金朝北方群牧监,夺去大量马匹。成吉思汗的另一路兵马连克西部各州县,还攻占了金西京,在掠夺大量战利品后撤兵。

1212年,成吉思汗第二次南下攻金。金朝将领石抹明安投降蒙古,并为蒙古军做向导,带领蒙古军南下。成吉思汗在亲率大军围攻金西京之时被流矢射中,不得不下令退兵至阴山附近养伤,但他又派哲别进攻金东京,由于东京防守严密,久攻不下。这时正好有一个金朝的传召使被蒙古军抓获,哲别就派人假扮使者趁金军松懈之际突入东京城内,大获全胜。

1213年秋,成吉思汗再一次率众伐金。这一次蒙金之战,蒙古军获得了决定性的胜利。成吉思汗在攻克宣德、德兴、怀来之后,命怯台和蒲察佯装进攻居庸关北口,而自己与哲别率大军从侧翼向西南绕道夺得紫荆关。随即又命哲别进攻居庸关南口,与怯台和蒲察夹击居庸关。居庸关失守,金中都暴露在蒙古军的面前。

此时金朝内部混乱，政局动荡。9月，胡沙虎发动政变，杀死卫绍王，立完颜珣，是为金宣宗。成吉思汗利用金朝动荡之机，制订了进攻金朝的周密计划。成吉思汗拒绝了将士们攻入中都的提议，除派一些部队继续围困中都外，将军队兵分数路继续南下攻掠。由术赤、察合台、窝阔台率领的右路军循太行山南下，攻掠河东南路和河东北路；合撒儿率领的左路军向东北方向进攻蓟、平、滦诸州；成吉思汗与拖雷率领中路军进攻华北平原上的各州。金朝黄河以北的城池连连失守。

1214年春，成吉思汗的各路兵马会师于中都城下。成吉思汗又一次拒绝了将士们提出的攻城建议，遣使入中都城，与金朝皇帝议和。金宣宗迫于蒙古兵力强盛以及国内政局动荡、起义不断，不得不接受了成吉思汗提出的一切要求。除金银珠宝以外，金朝还送来好马3000匹，童男童女各500名，并将岐国公主献给成吉思汗。

蒙古大军撤走之后，金宣宗于阴历五月迁都汴京。成吉思汗听闻此事，认定迁都南下是违反和约，一边遣使责问金宣宗，一边抓住时机派木华黎和金朝降将石抹明安围攻中都。第二年5月，中都留守将士及援军被一一击溃，蒙古军攻入中都。在将中都府库的金银财宝悉数运回漠北草原之后，成吉思汗下令官兵进城抢掠，还放火烧毁了中都城。

与此同时，成吉思汗遣使要求金宣宗投降，提出要金宣宗献出河北和山东未被蒙古军攻下的城池，并要求他去掉帝号改称河南王。金宣宗不肯答应，蒙古军遂加紧进攻，黄河以北几乎全被蒙古人占领。

成吉思汗在攻掠金朝过程中，不仅获得大量金银财宝和军事器械，更重要的是从中原收降了一批中原人，尤其是契丹人耶律楚材，对蒙古王朝的观念和社会发展产生了深刻的影响。

| 邱|处|机|与|成|吉|思|汗 |

耶律楚材,字晋卿,号玉泉老人,法号湛然居士,蒙古名为吾图撒合里。他出身于契丹贵族家庭,生长于燕京(今北京市),是辽朝开国皇帝耶律阿保机的九世孙。耶律楚材秉承家族传统,又自幼学习汉籍,精通汉文,虽然是契丹人,却也是一个已经完全汉化了的尊儒崇佛的知识分子。

耶律楚材画像

在中都失守之后,耶律楚材归顺蒙古。成吉思汗对他说:"契丹与金素来有仇,我已帮你报了此仇。"没想到耶律楚材没有对此表示感谢,反而表示了对金朝的忠心,对此,成吉思汗很是满意,遂将其留在身边,耶律楚材开始了为蒙古王朝效力的生涯。耶律楚材不仅为成吉思汗做星相占卜,还建议成吉思汗禁止妄杀,禁止残杀农民,禁止随意践踏农田,禁止随意摧毁城市,使成吉思汗接触到

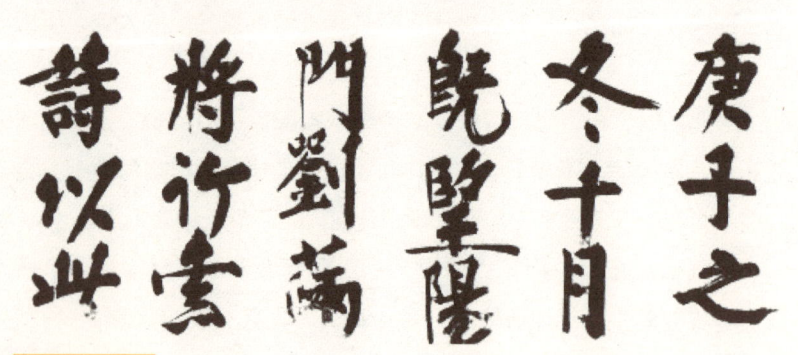

耶律楚材书法

更多的中原治国之策。成吉思汗也开始接触到包括道教在内的中国传统神秘文化的内容。

　　成吉思汗认识到，灭亡金朝不是一朝一夕可以完成的事情，应做长期打算。1217 年，成吉思汗授木华黎为"太师、国王"，由木华黎经略中原，并赐给他九脚白旄纛，授予他攻略中原的全权。而成吉思汗自己则踏上了对中亚的征途，这时的成吉思汗已经 56 岁，在当时，可以说是已经步入晚年了。

蒙古军队攻打北京

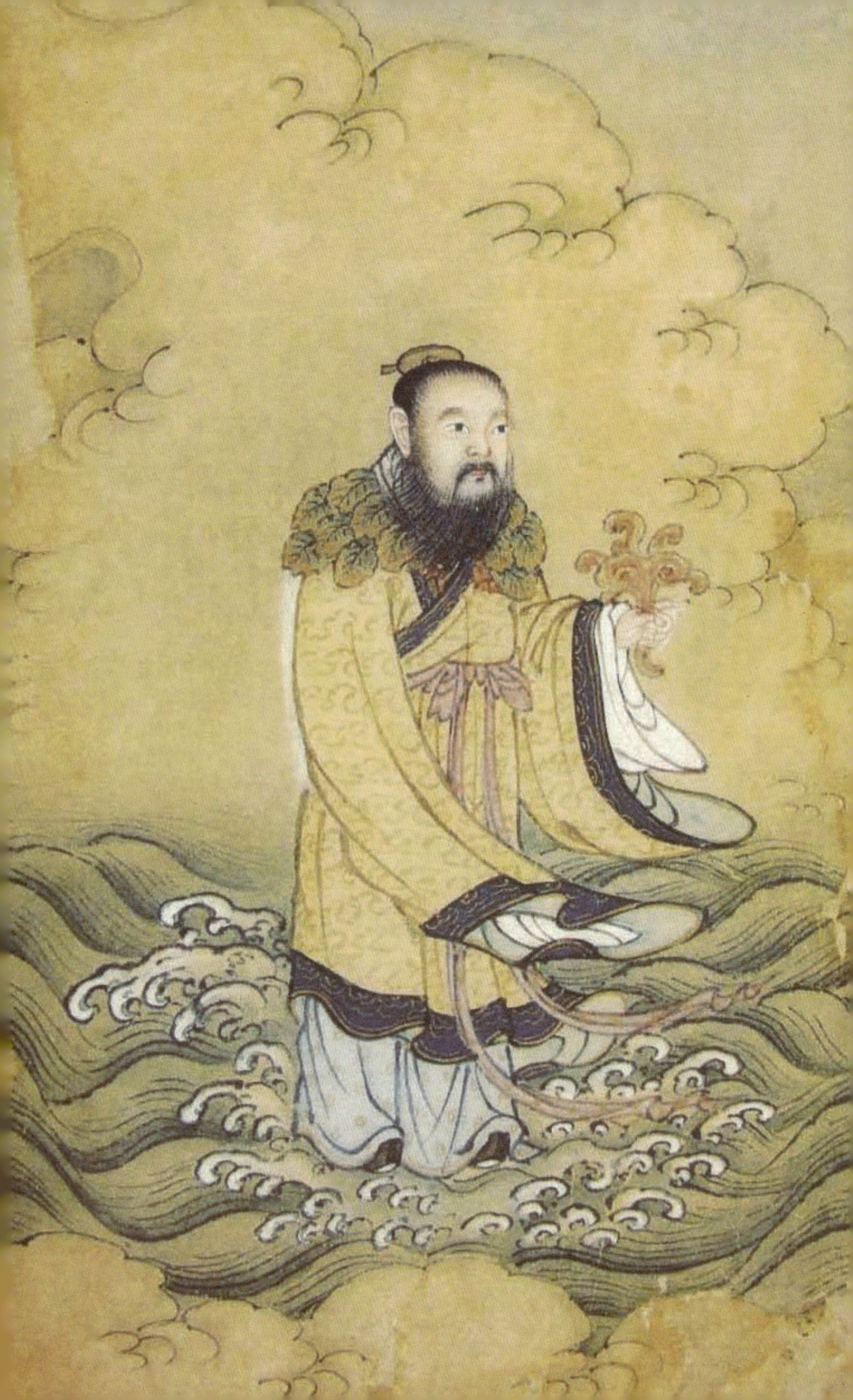

第二章

掌教真人

12世纪在中国北方兴起的全真教,作为中国土生土长的道教的新教派,在重阳真人和全真七子的努力下,很快就拥有了大量信众,成为女真人建立的金朝统治区最有影响力的教派。作为全真教的核心人物,长春真人邱处机和另一位道长,还受到过金朝皇帝的召见。作为全真教创立者重阳真人的年轻弟子,邱处机经历过刻苦的修道历程。当蒙古人在草原兴起的时候,全真教也在邱处机的执掌下兴起。

一、王喆与全真教

道教是中国土生土长的宗教，大约形成于东汉末年。道教是典型的多神教，信奉的主神是三清四御。三清是道教的最高神，指玉清元始天尊、上清灵宝天尊和太清道德天尊三位主神。其中的太清道德天尊，就是民间俗称的太上老君，其原型是先秦时代伟大的思想家，先秦诸子百家中重要的一派——道家的代表人物老子，老子的著作《道德经》也是道教最重要的经典之一。在道教的观念中，三清是创世神，元始天尊造化天地，灵宝天尊度化万物，道德天尊教化世人。四御，意思是四位大帝，是辅佐三清的四位尊神的统称，也称"四辅"，指紫微北极大帝、南极长生大帝、勾陈上宫天皇大帝、承天效法后土皇地祇，民间一般称为紫微大帝、长生大帝、勾陈大帝、后土娘娘。其实，早期的四御并不包括最后一位后土皇地祇，而包括玉皇大帝，后来在民间信仰中，玉皇大帝的地位不断上升，终于成为"上界"的最高统治者，其地位远非四御所能比，因此才将玉皇大帝作为独立于四御之外的大神，而把后土皇地祇拉来以足四御之数。在古典小说中，玉皇大帝俨然是神仙中世俗界的最高元首，而释迦牟尼、太上老君都以出家人的姿态出现。

道教虽然奉老子为三神之一，但老子却并不是道教的创立者，甚至道教的真正起源也追溯不到老子生活的先秦时代。道教的真正源头有两个：一个源头是东汉末年张角创立的太平道，后来张角利用太平道发动农民起义，重创东汉王朝，虽然起义最终被镇压，但东汉王朝无力控制局势，终致出现割据混战的局面；另一个源头是张道陵创立的五斗米道，因加入者要交纳五斗米而得名，主要势力在汉中一带，后来张道陵的孙子张鲁掌教时期，五斗米道成为汉中的一股割据势力。

南北朝时期，不论是在南朝还是在北朝，道教都在走向发展成熟，并经历了重要的改革。在北朝从事道教改革的是寇谦之，在南朝则主要是陆修静。改革之后，道教不仅作为一种宗教走向了成熟，而且逐渐由民间信仰发展为官方的宗教，得到了统治者的认可。但此时佛教在中国已经成为影响力非常大的宗教，因此，在道教后来的发展中，受佛教的影响也是比较明显的。

唐朝皇室因为老子本名李耳，认为他是本家族的祖先，因而对道教大力提倡，使道教得到进一步的发展。至辽宋时期，道教进入了一个新的转型时代。流传到今天的道教两大派别，正一教和全真教，都是在此时期形成的。

正一教也称正一派、正一道，其全称是"正一盟威之道"，主要在南方流行。正一教最初是对提倡符箓的道教诸派别的一个统称，元代以后成为上清派、灵宝派和天师道等道教派别的总称。由于宋朝皇帝比较推崇被称为张天师的张道陵后裔，1239年，宋理宗命第35代张天师张可大提举三山（指龙虎山、茅山、阁皂山）符箓兼御前诸宫观教门公事，主领龙翔宫，赐号观妙先生，此后天师道成为诸派系之首。元成宗曾经封第38代张天师张与材为"正一教主，主领三山符箓"。明朝初年，官方承认的道教只有正一与全真两派，因此，天师道以外的提倡符箓的各道教教派，如神霄派、清微派、天心派、东华派、净明道、太一道等，都被视为正一派的分支。正一教奉张天师为首领，以画符念咒为主。正一道士一般娶妻生子，不必出家。

全真教分为南宗、北宗，最早是南北两地流传的两个非常相似的教派，至元代以后逐渐合流为一。南宗的创立者是张伯端，北宗的创立者是王喆。

张伯端（983—1082），字平叔，号紫阳、紫阳仙人，后改名用诚，人称"悟真先生"、"紫玄真人"、"紫阳真人"，因此，他所开创的教派也被称为紫阳派，后来并入全真教，被称为全真教的南宗。南宗尊奉五位祖师，即张紫阳、石泰、薛式、陈楠、白玉蟾，是为全真教南五祖。而北宗尊奉的五位祖师是东华少阳、钟离正阳、吕岩纯阳、刘海蟾、王喆，是为全真教北五祖。南五祖皆为真实的历史人物，而北五祖除创立全真教的王喆之外，恐怕都是传说人物。

全真教要求道士必须出家住道观，不得蓄妻室，并规定了严格的清规戒律，这一点和正一道很不一样。全真教也排斥符箓之术，主张性命兼修，提倡内丹修养。全真教南北二宗都兼修性命，只是在先后、主次以及下手功夫上有所区别。南宗"言命者多，方性者少"，北宗则"三分命功，七分性学"；南宗主张从实腹炼命下手，北宗则主张由虚心炼性下手。

全真教北宗的创立者是王喆（1112—1170）。喆，也写作"嚞"，本书一律写作喆。王喆本名王中孚，字允卿，后改名王喆，字知明，道号重阳子，因此也被称为王重阳。王氏祖籍陕西咸阳大魏村，后迁至终南县刘蒋村。王喆在兄弟三人中排行最小，因此他常在文章中戏称自己为"王三"。

王氏在当地算是有钱有势的家族，王喆又是家中的小儿子，自幼娇惯，因此他年轻的时候很有一些无赖的气息，他后来曾在一首诗中嘲讽自己，说他年轻时"诬兄骂嫂慢天地，不修家业不修身"。

由于家中有一些基业，王喆年轻时也曾学习儒家经典，这可能是家长的意愿，希望他通过科举考试走向仕途。王喆曾入府学，中进士，但这与他的个性显然是格格不入的。王嚞少时醉心武学，后来又应试武举高中甲科，此后他改名"世雄"。但一直到47岁，以他自己的话说，"文武之进两无成"，虽然他自负文才了得，武略过人，但不论是修文还是从武，都没有搞出什么名堂来。到了这个年纪还未能成就人生事业，使得王嚞对文武之途都心灰意冷，因而辞官隐居，开始了修道生涯。

王嚞雕像

王嚞的悲剧其实不是他个人命运不济，而是那个时代许多人的共同遭遇，那注定是一个蹉跎的时代。

王嚞出生时，北宋与辽已经南北对峙了一个半世纪，王嚞的家乡属于北宋，但距北方的辽国也不是很远。自从澶渊之盟宋辽议和以来，两国间倒也保持了百余年的和平，这时候，不论是北方的辽朝还是南方的宋朝，表面上看都是一片歌舞升平，但实际上却都已病入膏肓。

在王嚞4岁时，东北地区的女真人兴起，女真首领完颜阿骨打在这一年宣告建立金朝，并出兵攻打辽朝。今天的东北及内蒙古各地，正在陷入战乱之中。但这些还没有对王嚞的生活造成影响，甚至可能宋朝南方的普通民众，根本都不知道这些事情。

此时宋朝的皇帝是宋徽宗，这位专业的画家、书法家，业余水准的皇帝，在六大奸臣的吹捧下，正过着穷奢极侈的生活。王喆9岁的时候，宋朝爆发了历史上非常有名的方腊起义。起义没有波及王喆的家乡，但有识之士都为宋王朝的前途而忧虑。

女真人仅仅用了10年的时间就灭亡了辽朝，并俘虏了辽朝的最后一位皇帝——天祚帝。在此过程中，宋朝扮演了极其不光彩的角色。宋朝单方面撕毁与辽朝的和约，联合女真人南北夹击辽朝。但是，军队的腐败荒废、战斗力低下，尽都落入女真人的眼中。因此，当金朝完全控制了辽朝的疆域之后，女真贵族们就开始图谋南下灭宋了。

灾难来得异常突然。1125年，金军南下，宋徽宗匆忙传位给儿子宋钦宗，但最终的结果是，宋钦宗也未能挽救北宋的灭亡，父子皆被金军俘虏，押送东北囚禁，再也未能南归，北宋正式宣告灭亡。康王赵构逃到杭州称帝，使宋王朝在南方得到延续，史称南宋。经过一系列的战争之后，女真人发现一时还没有办法彻底消灭南宋，双方终于议和，以淮河为界，宋朝在淮河以北的领土都划归金朝，包括王喆的家乡。

王喆的家乡是金宋激战的地区之一，王喆弃文习武可能与这种形势有关。杀戮、破坏，一切都陷入混乱之中，转眼间人生变得如此残酷，似乎是换了一个世界，这一切对于年轻的王喆形成巨大的冲击。当战争终于停止的时候，还没来得及重建家园的人们突然发现，他们已经成为亡国奴，不再是宋朝的子民，而是金朝女真统治者的臣民了。包括王喆在内的年轻人，仕途必然坎坷，因为作为被征服的汉人，他们很难得到女真统治者的认同。

王喆虽然早就意识到了这一点，但他的内心却始终不愿意承认，而对现实抱有一线希望，他应的是金朝的武举，做的是金朝的官。直到47岁时,他才算最终死心,弃官隐居。

1159年,48岁的王嚞弃家外游,在甘河镇遇到异人授以内炼真诀,最终悟道出家,全真教后世称此为"甘河证道"。

1161年,王嚞在南时村挖墓穴,取名"活死人墓",居住其中,潜心修行了两年。王嚞曾为此吟诗:

活死人兮王嚞乖,水云别是一欢谐。
道名唤作重阳子,谑号称为没地埋。

在活死人墓中住了两年多以后,王嚞又填了墓穴,迁居刘蒋村,筑庵居住。后来,全真教的第三代弟子尹志平曾在刘蒋村主持修建重阳宫,成为有名的全真祖庭。刘志真在甘河镇修建遇仙观、李志源在活死人墓修建重阳成道宫,以资纪念。可见,"甘河证道"是王嚞人生的一大转折。

1167年,王嚞放火烧掉了自己的茅庵,并题诗:

茅庵烧了事事休,决有人人却要修。
便做惺惺成猛烈,怎生学得我风流。

王嚞对赶来救火的乡亲们说:"不必救了,我在东方有一些缘分未了,现在就要东行了。此处三年之后,另有人来修复。"这一年的5月16日,王嚞东去。

此时金朝的世宗皇帝即位已经七年了,金世宗是有道名君,在他的统治下,金朝开始走向鼎盛。甚至有的史书中称金世宗为"小尧舜",汉人历史学家用这样的称呼来评价一位女真族皇帝,可见对他的赞誉之高。

在即将到来的金朝盛世里,王喆却孤独地走出潼关,来到山东传播他的新教义。大体上说,王喆的思想糅合儒家和道、释两家的思想,主张三教平等、三教合一。声称"儒门释户道相通,三教从来一祖风"。

对于王喆东游的真正目的,学者们有着种种猜测,但从他后来的人生经历看,这无疑意味着王喆从独善其身的隐居修道,转向了度化世人的传教立派。这是王喆人生的又一次重大转折,也意味着道教全真派的开始出现。

在胶东半岛,王喆度化了七位弟子,分别是号丹阳子的马钰(1122—1184)、号长真子的谭处端(1122—1185)、号长生子的刘处玄(1147—1203)、号长春子的邱处机(1148—1227)、号玉阳子的王处一(1142—1217)、号广宁子的郝大通(1140—1213),以及马钰的妻子号清净散人的孙不二(1119—1183),王喆的七大弟子,后来分别开创了全真教的遇仙派、南无派、随山派、龙门派、嵛山派、华山派、清静派等七大派别,这就是后世非常有名的"全真七子",也称"七真"。

王喆还先后在山东的文登、宁海、福山、登州、莱州等地建立三教七宝会、三教金莲会、三教三光会、三教玉华会、三教平等会,传道说法,全真派的道团组织初具雏形。在弟子们的协助下,王喆以昆嵛山为核心,开始大力传播全真教。

昆嵛山横亘山东烟台、威海两地,为半岛东部最高峰。方圆百里,峰峦绵延,谷幽林深,古木参天,历来有仙山之祖的美誉。相传八仙之一的仙女麻姑曾在此修炼,后得道成仙。王喆经常在昆嵛山西北角的烟霞洞聚合门徒讲道,后来全真教在这里修建了神清观,也是有名的全真祖庭。

全真教在山东具有相当的根基之后，1169 年，王嚞率马钰、谭处端、刘处玄、邱处机四大弟子启程，要返回自己的家乡度化世人，传播全真教。但在行至金朝的南京，即今河南开封时，王嚞感到自己时日无多，在一系列考验之后，立大弟子马钰为全真教的掌教。次年 1 月 22 日，王嚞去世。

昆嵛山神清观

临终前，王嚞对四位弟子说："丹阳已得道，长真已知道，我没有什么忧虑了。长生、长春却还没有证道，此后长春的学习和修道全要听从丹阳的指导，由长真来带一带长生吧。"在王嚞的评价中，丹阳子马钰已经得道，长真子谭处端已经知道，而长生子刘处玄、长春子邱处机却还没有达到这个境界，因此要由两位师兄继续指导修行。当然，这恐怕也与四位弟子的年纪有关，他们虽然是一师之徒，但马钰与谭处端同岁，刘处玄、邱处机却要比他们小 20 多岁。

马钰率三位师弟前往王嚞的家乡，并在刘蒋村修复了王嚞三年前放火烧掉的茅庵，取名为"祖师庵"。1172 年，他们又一路化缘回到河南开封，迎回王嚞的灵柩，安葬于祖师庵，并在此守丧三年。

在马钰执掌教务期间，全真七子分处各地修炼、传教，马钰作为大师兄，主要活动在关陕一带。在此期间，全真七子都是以很大精力从事个人修炼，而不以太多精力与时间去发展教徒，营造宫观。他们大多过着清修苦练、云游乞食的生活。全真教的信众也主要是中下层民众，与金朝的女真族统治者之间还没有直接的关系，信众人数及组织规模都比较小，就是在民间，也只是一股并不起眼的势力，因而没有引起金朝统治者的关注。

1184年马钰去世后，谭处端继位掌教，但时期比较短，此后是刘处玄接任。

在刘处玄执掌教务阶段，全真教迎来了一个迅速发展时期。刘处玄一改马钰的做法，开始重视修建道观，广收门徒，大力传教。全真教以山东半岛为中心，建立起一批道观，信众数量随之激增，成为一股有影响的势力，也引起了金朝统治者的关注。金世宗晚年身体不好，有意求仙问道。他在1187年曾经召见全真教的玉阳子王处一，询问养生之道；次年又召另一位全真道士邱处机进京，命他住在玉虚观，以便随时顾问。1189年，世宗又一次召王处一进京，但当王处一抵达都城时，金世宗已经去世了，继位的金章宗命王处一在京中举行大规模的法事，为世宗祈福。皇帝的一再征召，无疑大大地抬高了全真教的身价，使之在民间迅速地发展开来，在山东、河南、河北、陕西、山西等地拥有了深厚的群众基础，成为金朝统治下的中国北方颇具影响力的宗派。

随着全真教的迅速发展，金朝统治者对全真教的态度出现了微妙的变化，由金世宗时的欣赏、扶植，转变为金章宗时的打压、禁止。全真教在民众中的广泛影响力对女真族统治构成了一定的压力，他们担心全真教会像汉代的太平道那样，成为发动农民起义的工具。在他们看来，利用民间宗教组织中原汉族百姓驱逐女真族统治者，这似乎要比张角利用太平道发动反对汉朝的农民起义的可能性还要大一些。最终，在1190年，金章宗颁布禁令，禁止全真教的传播。

虽然金朝统治者后来又取消禁令，允许全真教自由传播，但是，全真教与女真族统治者之间的裂痕已经变得无法弥补。再加上蒙古南下进攻金朝，女真族的统治前途未卜，在这种情况下，全真教自然不会将金朝统治者引为靠山。

1204年，邱处机接任全真教掌教时，全真教与金朝统治者之间的关系就处于这样一种微妙的状态。

二 从苦修到掌教的邱处机

邱处机,1148年农历正月十九日生于山东栖霞,幼名丘哥,王喆收他为徒后,为他取名为邱处机,字通密,号长春子。

关于邱处机的家世与早年经历,道教典籍中竟然存在两种截然相反的记载。一种说法是,邱氏家族是栖霞的名门望族,邱处机自幼接受了良好的教育,博学高才,举止文雅,因而王喆一见之下,就对他十分赏识。另一种说法却是,邱处机自幼父母双亡,家境贫穷,没有受过系统的教育,甚至一度沿街乞讨,追随王喆之后,不仅师从王喆修道,也从王喆那里受到文学方面的熏陶和培养,他后来的诗作中表现出来的较高文学素养,实际上都是源自王喆。

可能后一种说法相对更准确一些,但若说邱处机的文学修养完全是学自王喆,也不十分准确,因为从邱处机拜师,到王喆去世,前后只有两年多的时间。邱处机日后在文学方面所达到的造诣,更多地应该是他自身不断努力学习的结果。

在全真七子中,邱处机应该是第一个正式拜入王喆门下的人。

王喆于1167年9月3日抵达山东宁海州,这个给人印象疯疯癫癫、邋邋遢遢的老道士,在风尘仆仆地进入宁海城时,背上还插着一面纸旗,上面写着:

害风人问有何凭,术法俱无总不能。
每日作为只此是,上头吃饭下头登。

两个月以后，在昆嵛山修道的邱处机听说了王喆的古怪事迹，立即赶到宁海，拜王喆为师。但是，王喆进入宁海见到的第一位弟子，也是他在宁海住下来着意点化的人，是后来成为全真七子之首、继王喆之后执掌全真教的马钰。马钰原名马从义，字宜甫，马钰是出家后王喆为他取的名字。马家是当地首富，遇到王喆时，马钰已经45岁了，娶孙富春为妻，并已经有了三个儿子。他将王喆接到家中，并专门修建一处庵堂供王喆居住，王喆题名为"全真堂"，后来王喆开创的这个道教新教派的名称就是由此而来。邱处机就是在马钰家中的全真堂拜王喆为师的。但是，收邱处机为徒之后不久，王喆即于这一年的11月14日开始闭关，直到第二年即1168年2月21日始出关，收全真七子之一的谭处端，可能就是闭关期间的事情。正式收马钰为徒是这一年3月的事情了，与马钰一同拜师的还有全真七子中的王处一。4月始收郝大通为徒，大约是在11月始收刘处玄为徒。马钰的妻子孙富春成为王喆弟子的时间不详，但绝不会早于马钰，王喆为她取名为孙不二。

1168年王喆出关之后，在邱处机的建议下，王喆率马钰、邱处机、王处一、谭处端四位弟子前往昆嵛山烟霞洞修道。

马钰特意将头发扎成三个发髻。因为王喆到山东以后，在自己的名字上面又加了一个"吉"字，成为"嚞"，三个发髻，就是三个"吉"的"嚞"字，暗示着顶戴师名。此后马钰的发型终生不变，以此表现自己修道的决心，所以也被称为三髻道人。

但是，马钰毕竟是富家子弟，锦衣玉食惯了，一时受不了山上的清贫生活，于是自称头痛难忍，要求回家。回家后，马钰还有意狂饮药酒，结果头痛加剧。王喆听说后，送马钰一句话，说修道之人要先"断酒色财气攀缘爱念忧愁思虑"。此后，马钰散尽家财，并发誓苦修。

邱处机虽然入师门较早，但可能是因为年轻，悟道却比较晚。邱处机的弟子尹志平晚年回忆说，王喆的几大弟子得道有快有慢，其中马钰最快，仅用了两年半就已经得道，谭处端用了五年，刘处玄用了七年，而邱处机竟然花费了十八九年方才悟道。

马钰和邱处机悟道的时间相差如此之大，对此，后来邱处机自己曾对弟子们做过解释，他说，马钰的悟道，是悟到了"死"，所以得道快，而自己的悟道，是悟到了"万有皆虚幻"，所以得道迟。

在王喆门下，邱处机并不是很受重视的弟子。在王喆与年纪比较大的马钰、谭处端谈论玄妙思想的时候，邱处机经常被派去从事闲杂事务。有一次，王喆关上房门，在屋里给马钰讲解调息法，邱处机在门外偷听，听到神妙处，不觉推门进来，一见到邱处机来了，王喆却不再往下讲了。

邱处机自己觉得，调息法才是极其精妙的修行法门，而自己每天所做的都是些杂务俗事，与他追求的修道目标是背道而驰的。所以，此后一有空闲时间，他就按偷听来的方法修炼。邱处机的心中由此也生出一种疑问："自从投师以来，到现在也不明白什么是道，师父每天吩咐自己做的事情，似乎皆是些不相干事，这是为什么呢？"他心里这样想，却因为畏惧师父而不敢去问。一直到王喆临终前，他叫过邱处机，说："你还有一项大罪，是需要去除的。从前你曾有这样的想法吧，以为我吩咐你做的都是不相干事。但是你不理解，不相干处便是道啊。"邱处机很久以后才参悟出王喆这番话的深刻道理。

但是，王喆生前的最后一次旅行，是率马钰、谭处端、邱处机、刘处玄四大弟子返回他的家乡去传道，这足以说明，邱处机毕竟还是王喆最核心的弟子之一。正是在这次旅途中，王喆感觉自己将不久于人世，于是对随行的这四位弟子督促得特别严厉，想尽一切方法让他们悟道、证道。

在这一年腊月里的一天，王嚞命四位弟子外出乞讨，将乞讨得来的钱全部用来买柴草和炭，然后在他们的住处生火。王嚞命马钰、谭处端站在室内，邱处机、刘处玄站在室外，屋子很小，炉火很旺，不一会儿，站在室内的两位已经热得受不了了，而站在室外的两位却又在严冬里被冻得不行了。可是，没有师父的吩咐，屋里的两人不敢出去，外面的两人也不敢进来。就这样过了很久，最后刘处玄实在受不了，偷偷地跑了。但不知为什么，邱处机虽然坚持了下来，但王嚞临终前对他的评价却也并不比刘处玄高。实际上，从这一次事件中王嚞对四位弟子的安排，我们已经可以看出四位弟子在王嚞心目中地位的差距：马钰、谭处端是"入室"，而邱处机、刘处玄尚在"门外"。因此，王嚞临终前才安排马钰负责指导邱处机的修道，而谭处端负责指导刘处玄。

邱处机是全真七子中年纪最小的。在王嚞去世时，马钰、谭处端都是49岁，孙不二更大一些，是52岁，郝大通31岁，王处一29岁，刘处玄24岁，邱处机却只有23岁。王嚞门下七大弟子，从年龄上明显可以分成两组，马钰、谭处端、孙不二比另外四人大了约20岁，几乎就是两代人。

1174年，在为师父服丧三年之后，邱处机与几位师兄弟道别，独自一人向西来到磻溪隐居修行。

磻溪位于今陕西宝鸡市东南，相传是姜太公钓鱼的地方。姜太公就是姜尚，字子牙。商朝末年，姜子牙赴西岐，隐居于此，每天在河边钓鱼，但用的却是直钩，因而才有"姜太公钓鱼——愿者上钩"之说。后来姜子牙被周文王请出山，辅佐周武王打败商纣王，建立西周王朝。对于这一段历史，邱处机是十分熟悉的。邱处机的诗中就曾经引用姜太公隐居渭水的故事：

  闻说磻溪隐太公，岩高树密壮祠雄。
  花朝石窟龙吟雾，月夜山门虎啸风。
  万载熊罴名不朽，三春驰马献无穷。
  将诗为觅千余匹，染翰聊为度日功。

  我们不知道，邱处机选择这样一个地方隐居是否具有其他的意味，很明显，他的隐居与从前姜子牙的隐居是完全不同的，邱处机是隐居苦修，在卜居渭水后的一首诗里，邱处机明确表达了这一点，他要"烟霞洞府习真修"。

  邱处机独自一人居住在山洞之中，名之曰"长春洞"，身边根本不准备炊具，不动烟火，每天只一餐，间或两餐，都是到山下乡村中去乞食，渴了，就喝山间的溪水。除了身上的道袍，只有一件蓑衣，一顶斗笠，因而被称为"蓑衣先生"。此外身无长物。

  邱处机的一首词，就是对他此时期生活的真切反映：

  孤身蹭蹬，泛秦川，西入磻溪乡域。旷峪岩前幽涧畔，高凿去凫栖迹。烟火俱无，箪瓢不置，日用何曾积。饥餐渴饮，逐时村巷求觅。

  选甚冷热残余，填肠塞肚，不假珍羞力。好弱将来糊过，免得庖厨劳役。壮贯皮囊，熏蒸关窍，图使添津液。色身轻健，法身容易将息。

为了战胜睡魔，清除杂念，灭绝欲望，邱处机前后有六七年胁不沾席。为了锻炼自己的心境，邱处机采用的方法是，穿上一双麻鞋，系了又解，解了又系，一直反复做这件事，他要炼心如寒灰。当时的邱处机还是一位年仅27岁的年轻人，过这样一种修道的生活，其决心和毅力都是普通人所无法想象的。

早期的全真教有着非常明显的苦修色彩，不仅是邱处机，全真七子的其他六人都在不同程度上实践着苦修，包括创教祖师王

邱处机画像

喆最开始也是在活死人墓中苦修的。已经被王喆称许为"得道"、负责指导邱处机修道的大师兄马钰，此时也在王喆墓侧的祖庭苦修，为的是去奢从俭，洗心炼性。他早晨只吃一碗粥，午间则是一钵面，过午不食。居处极为简陋，只有一几一榻。而且马钰还许下赤足修行的宏愿，一直光着脚。这样的生活，马钰一直持续到1178年。

早期全真教的核心理念之一，即世俗的各种欲望使人迷失了真性，因此修道之人首先要做的就是灭绝这些欲望，这一新的教派之所以名为"全真"，就是保全人的真性的意思。正是从"只缘人多生爱欲不休，以至迷却真性而不能复"考虑，马钰早期还留下了"道伴不过三人，茅屋不过三间"的戒律。就是马钰在王喆家乡修建的全真祖庭，也仅仅就是茅屋三间而已。

但是，全真教的这种苦修精神，传到全真七子的门徒，也就是第三代的时候，就基本不复存在了。邱处机的弟子尹志平有一次在跟门人们闲谈时，公开对马钰的规定表示质疑："茅屋不过三间，这在今天恐怕是行不通的，如果执着拘泥着一定实行，我也看不出有什么益处。不是说这件事不好，只是现在不是适当的时机。就好比现在已经是初冬季节了，不可以种庄稼了，这是大家都知道的常识，不是种庄稼这件事不好、不可行，是季节不对，时机不对，若是在刚开春的时候，怎么可能不种庄稼呢。"

尹志平的话含蓄地表达出了此一时、彼一时的想法。全真教初期，信奉者主要是下层民众，所以像马钰、邱处机这样的教中首脑人物可以自行其是地苦修，教众对他们的这种做法充满景仰，对全真教的传播有百利而无一害。可是到了尹志平主持教务的时代，全真教势力大发展，开始结交权贵、晋见帝王，如果教中的重要人物还是这样苦修、乞食，恐怕会使达官贵人敬而远之，削弱全真教在上层社会的影响力。所以尹志平才强调，苦修固然是好事，但还要讲究一个实行的时机问题。

对于全真教第三代的变化，苦修精神的衰落，身为全真七子之一的玉阳真人王处一在生前就已经敏锐地注意到了这一点，有一次，他握着尹志平的手说："七朵金莲结子，今日万朵玉莲芳，然皆狂花也。"七朵金莲显然是指全真七子，这句话里的隐喻是不难理解的。

我们应该注意到，邱处机早年与晚年也存在较大的变化。邱处机在早年，积极践行王喆提倡的苦修，而到了晚年，特别是西行拜见成吉思汗归来之后，自己也住进了富丽堂皇的道观长春宫，并喜欢与朋友们一起到附近的池园中游玩，与隐居苦修的邱处机简直是判若两人。

事实上，正是在邱处机出任掌教之后，全真教才出现了明显的变化。对此，邱处机的弟子尹志平曾表述得非常明确："丹阳师父（马钰）是以无为的思想来主持教务的，到长生真人（刘处玄）主持教务时，就已经是无为、有为参半了，至长春师父（邱处机）主持教务时，有为倒占了十分之九，无为也就占十分之一，还是存而不用。"由此我们不难发现在邱处机身上发生的变化。

据说，当邱处机第一次进入刚完工的长春宫时，见到这座新道观是如此的壮观豪华，他不禁怔了怔，然后一句话也不说，请他坐一坐，他也不肯，只匆匆离去。这时，我们还能看到那个早年隐居苦修的影子。但这些，毕竟还是半个世纪以后的事情。

当邱处机隐居时，马钰也在苦修的同时，在关中地区传播全真教，慕名而来投入马钰门下的修道之士很多，几年之间，最终经受住了考验得以列入门墙的也有数十位，其中有十人后来成为全真教中的重要人物，被称为"玄门十解元"。可以说，马钰在关中一带的影响力，已经远远超过了当年的王喆。

1180年，33岁的邱处机移居陇州西北的龙门山。虽然住处变化了，但他的生活模式却没有任何变化，在龙门山，邱处机继续着苦修生活。

就在前一年，马钰迁居陇州佑德观，邱处机移居龙门或许与此不无关系。

龙门比之磻溪，生活条件更是艰苦，这里人迹罕至，周围甚至少有村庄，很难找到人家去乞食，因此邱处机不得不自己做饭，但他还是保持了一日一餐的习惯。从此至1186年，邱处机在龙门山隐居苦修了7年。前后相加，邱处机一共苦修了13年，从27岁至40岁，人生的青壮年时代都是在苦修生活中度过的。

在龙门期间，邱处机也开始招收门人弟子，他在此期间所收弟子，大多是他的师兄弟们介绍来的，赵道坚拜邱处机为师，就是在龙门。

赵道坚（1163—1221），原名九古，祖籍檀州（今北京密云），在他的父亲任平凉府同知的时候，举家迁居平凉（今属甘肃）。1177年入道，1179年遇到了西游的马钰，并在华亭（今属甘肃）拜马钰为师。1180年，奉马钰之命前往龙门山，师事邱处机，易名道坚。此后赵道坚一直追随邱处机，是邱处机远赴中亚觐见成吉思汗时随行的十八弟子之一，后来在中亚古城赛蓝城病逝并安葬在那里，也是西行的邱处机十八弟子唯一一位途中去世的。

但赵道坚的身后却比较荣耀，全真教的龙门派就是以邱处机为第一代祖师，以赵道坚为第二代祖师的。这个后来兴起的教派之所以

陇县龙门洞

用"龙门"命名,就是因为邱处机曾在龙门修道,并在这里收赵道坚为徒。

就在邱处机隐居苦修期间,政治形势发生了一些微妙的变化。1171—1173年间,金朝统治下的大名、东平等地出现了佛教僧人纠集百姓造反的事件,这使金朝统治者开始重新思考对宗教的态度及统治方法问题。总体来说,金朝对宗教的控制是趋于严密的。1178年,金世宗下诏,严禁民间创兴寺观,也就是说,从前的寺观可以维持,可以继续存在,但新建却得不到批准了。这无疑是对民间道团活动采取压制的政策。至1181年,金世宗又下诏禁止道士游方,命令各地的地方官遣发道士们各归原籍。此时正在陇州传教的马钰,由于原籍是山东东路的宁海州,自然也在遣返之列。就在这一年的冬季,马钰收到了当地官府,京兆府的公文,要求他返回故乡。马钰在关中的传教工作刚有起色,却不得不东归故乡,其心情的郁闷是可以想象的。

1182年春,马钰回到了阔别多年的故乡宁海州,这一年的年底前往文登县的七宝庵。据说,1183年1月24日这一天,马钰忽然对门人们说:"今天有大喜事。"并歌舞自娱。随后传来消息,马钰从前的妻子,现在的全真七子之一的清净散人孙不二,正是在这一天在洛阳去世了。按马钰的理解,妻子羽化登仙,自然是可喜可贺的事情。但马钰显然预感到,自己也时日无多了。

1184年2月5日,马钰仙逝于山东莱阳县。仅仅一年多以后,全真七子中的另一位谭处端于1185年5月2日仙逝。

据说,谭处端预知死期已至,提前让弟子们准备丧事,并写了一首词:

交泰一声雷,迸出灵光万道辉。龙遇迅雷重脱壳,幽微,射出金光透顶飞。一性赴瑶池，得与丹阳相从随。显现长真真妙理，无为，涌出阳神独自归。

其中还提到前不久刚刚去世的丹阳子马钰，说自己不久就要和马钰再次相见了。然后他对弟子们说："我的师父重阳真人约我陪他去游蓬莱仙山，我现在就要走了。"

全真七子中年长的三人先后去世，标志着一个时代的结束。属于全真七子年轻一辈的时代到来了。

接替谭处端执掌全真教的是刘处玄。在王嚞临终前，曾委托谭处端指导刘处玄。因此，在他们与马钰、邱处机一起为王嚞守孝三年之后，刘处玄就随谭处端去了洛阳。在洛阳居住了两年左右，刘处玄返回家乡山东莱州武官庄，从此长期在山东弘道。1182年，他在武官庄兴建灵虚观，并注疏《道德经》和《黄庭经》。1184年马钰逝世时，是刘处玄与王处一合力为马钰料理丧事。第二年，刘处玄在昌阳和登州主持斋醮时，信众目睹王重阳和马钰显灵，刘处玄在全真教众中的影响力由此可见一斑。因此，在1185年谭处端逝世后，刘处玄继任成为全真教第四任掌教。

刘处玄执掌全真教，改变了马钰"茅屋不过三间"的做法，开始在各地大规模地兴修道观，大规模地招收信徒，全真教的实力迅速膨胀。与此同时，全真教也越来越重视走上层路线。就在这种背景下，隐居苦修13年的邱处机，终于在1186年走出了深山。

邱处机出山的直接原因是两位贵人的邀请，一位是金宗室曹王的妃子，另一位是京兆府的统军，两人都是道教徒。可以说，全真教的创立者重阳真人的早期嫡传弟子，隐居13年苦修精进的道人，只这两点结合，就足以使邱处机在世人眼里成为神秘的高道了。随着全真教的发展，仍在龙门山的邱处机声誉日隆，各地的全真信徒都在流传着关于他的传说。在全真七子中年长的三人去世之后，邱处机已经成为全真教中举足轻重的人物了。

不过邱处机自己似乎并不知道这一点。1186年他离开龙门，应邀去了京兆府的首府长安，但在那里停留的时间并不长，就在这一年的冬季，他来到马钰在刘蒋村修建的全真祖庭住了下来。

第二年冬季，发生了一件对全真教的发展影响至大的事件，金世宗礼聘全真七子之一的王处一进京讲道。

王处一的家庭本来就有信奉道教的传统，他是由他母亲陪同专程拜王嚞为师的。他的母亲后来在家修道，号玄靖散人，王嚞为她取名德清。王嚞去世后，王处一一直隐居云光洞修道。

传说，因受到金世宗的延请，王处一受到番僧的嫉妒，番僧买通太监，说王处一不是得道之人，劝皇帝用毒酒试试他，如果毒不死他，方能证明他是真的得道之人，金世宗同意了。王处一去见金世宗以前，先叫徒弟们凿池灌水。等到金世宗赐酒时，他拿起杯来一饮而尽，说："我历尽贫困，曾经乞讨度日，今天有幸得到陛下的召见，也可以饱口腹了。"说完将剩下的毒酒全部喝光了。回到道观之后，王处一马上去水池中沐浴，一会儿池水沸涌。王处一虽然因此得以不死，但是须发尽枯，不能戴云冠。

当然，这仅仅是传说而已，王处一进京恐怕并未经历什么凶险，反而给全真教带来了莫大的荣耀，极大地促进了全真教在各地的发展。

在召见王处一时，金世宗已经64岁了，身体状况极不理想，因此才想到跟这些修道之士请教些长生不老的法门。传说王处一告诉金世宗的长生秘诀只有两句话："惜精全神，修身之要；端拱无为，治天下之本。"金世宗对比自己还小 19 岁的王处一还是比较欣赏的，特别辟出一处堂院并取名"全真堂"，供王处一居住，直至第二年的清明节后才允许他离京。一年以后的 1189 年，金世宗曾再一次召王处一进京，但当王处一于 1 月 21 日赶到北京时，金世宗却已经在前一天去世了。

王处一初次奉诏进京是 1187 年 12 月 12 日的事情，他当时大约是在棣州（今山东惠民）一带，几天后，王处一就已经赶到了河北沧州。由其行程之迅速，我们可以看出全真教对此事的重视，他们已经敏锐地意识到，金世宗召见王处一，对全真教来说是一个难得的发展契机，他们要把握住这一契机。

王处一奉诏入京消息的传播速度，与王处一的行程一样迅速，1188 年 1 月，远在终南刘蒋村的邱处机也已得知此事。听到这个消息后，邱处机曾赋诗一首：

三竿红日自由睡，万顷白云相对闲。
只恐虚名动华阙，有妨高枕卧青山。

令邱处机意想不到的是，仅仅一个月后，他自己也接到了金世宗的征召。金世宗在短时间内先后召见的两个全真教教士，不是掌教刘处玄，而是隐居修行的王处一、邱处机，这是很耐人寻味的。

邱处机对此的反应也是非常积极的，他既没有怕"虚名动华阙"，也没有考虑这件事会不会"有妨高枕卧青山"，就在 1188 年的 3 月中旬来到都城。金世宗赐给邱处机巾冠、衫系，命他住在天长观等候召见。这一年的 3 月 30 日，邱处机还奉命在金世宗生日这一天主持相关斋醮仪式。

从时间上看，在邱处机之前进京并觐见过金世宗的王处一，此时也还留在中都，邱处机晚年回忆他与师兄弟一起进京觐见金世宗的事情，应该指的就是这一次他与王处一一起在金朝都城的一些活动。

1188年4月29日，邱处机奉金世宗之命入居全真堂，并负责在其中塑造吕洞宾、全真教祖师王重阳以及马钰的塑像。这一年的5月28日，金世宗在长松岛召见邱处机，至8月4日，再次召见。

至于邱处机离开中都的时间，或说是在1188年的二三月间，或说是在1188年的秋季。但很清楚的是，邱处机、王处一师兄弟的进京，何时来、何时去，都是奉金世宗之诏，身不由己。离开中都以后，邱处机先是回到了终南的全真祖庭，不知是否因为他还有意在此继续他的隐居和苦修，但在此后不久，邱处机就离开陕西返回故乡山东栖霞了。邱处机在栖霞修建了道观，他后半生的大部分时间都是在这里度过的，或者我们可以说，他是以栖霞为中心，重点在山东地区传播全真教。

由于邱处机、王处一受到金世宗的召见，全真教名声大振，发展迅速，但邱处机万万没想到的是，这反而给全真教带来了一场意外的灾难。

1189年1月20日金世宗去世，其嫡长孙即位，即金章宗，次年（1190）改元明昌。就在这一年，金章宗下令禁罢全真及五行、毗卢等教。一般认为，金章宗禁止的五行教，可能是指当时的某种方术教派，毗卢教则是指佛教密宗，都属于非正统的俗世宗教，与全真教的性质不同。因此，金章宗刚一继位，就大改金世宗的做法，对全真教加以禁止、取缔，其原因很是耐人寻味。

就在金章宗宣布取缔全真教的这一年，邱处机由全真教的终南祖庭返回故乡，全真七子中的另一位郝大通也于同年回到山东，这不可能是巧合。此后，全真七子中尚在世的四位，邱处机、刘处玄、王处一、郝大通，全部在山东活动。这有可能是全真教对金章宗的禁令做出的回应，传教活动暂时处于收缩状态。

从现有的资料分析，1190年金章宗颁布的禁止全真教的诏令并未得到认真的贯彻。金章宗本人在此事上也未表现出取缔全真教的决心，在颁布一纸诏书之后就不闻不问、听之任之了，加上全真教的影响力今非昔比，在朝廷官员中也不乏信奉者、支持者、暗中保护者，因此，金章宗的禁教令似乎并未动摇全真教的根本。1194年，邱处机还在福山县举办大规模的斋醮活动，足见取缔全真教的禁令早已流于形式了。但在此时，全真教还不得不低调行事，相关史事的记载比较少，就是这种现象的明确反映。

至1197年，金章宗的禁教令终于松动了，而打破这一禁令的却正是颁布这一禁令的金章宗本人。这一年，为筹集军费，金朝又恢复了出售观额、度牒、大师号等的做法。全真教的终南祖庭乘机买下了数十个观额及数百个度牒，全真教实际上恢复了公开活动。

1197年夏，金章宗召王处一进京，8月17日接见并赐座，金章宗向王处一咨询养生之道，君臣一直交谈到傍晚。第二天，金章宗颁旨，赐王处一"体玄大师"的称号，并在京城里赐给他修真观、崇福观两处道观，让他随意居住，每个月还发给斋钱200贯。这一年的冬季，金章宗又召全真教掌教真人刘处玄进京，在接见刘处玄时，金章宗问什么是"至道"，刘处玄回答说："至道之要，寡嗜欲则身安，薄赋敛则国泰。"章宗非常赞赏。刘处玄在京城一直住到第二年4月，才奉旨归山，金章宗特意赐给他观额五道，名字分别是灵虚、太微、龙翔、集仙、妙真，命刘处玄建立道观，度人出家。刘处玄将灵虚这个观额用在了全真教的终南祖庭上，从此终南祖庭称灵虚观。一度被金章宗禁止的全真教,就这样被金章宗本人高调地恢复了,全真教的发展势头更胜从前。掌教刘处玄乘机在各地大兴土木修建道观,全真教重要的道观大多数是在此时期修建的,全真教在金朝境内的地位已经是无法撼动的了。

就在掌教真人刘处玄大显身手的这个时期里,有关邱处机的记载是不多的,大约他的生活仍属平淡,除了正常的教务活动外,他也不大参与外界的事务。

1203年2月20日,刘处玄仙逝,享年57岁。此后,邱处机成为第五任全真教掌教,被推向全真教历史的前台。

三 来自成吉思汗的召唤

1208年底，金章宗去世，因为没有儿子，他的叔父卫绍王即位。就在卫绍王即位半年多以后，应当时的权臣孛术鲁的邀请，王处一于1209年8月15日抵达京城，住进华阳观。据说，他此行的任务是为朝廷求雨，因为中都一带正经历着罕见的旱灾。王处一刚进京，就有人问他什么时候能够下雨，王处一很确定地说："三天之后。"三天之后果然天降大雨。

实际上，我们不难联想到，王处一在新皇帝继位之后进京，与权臣沟通，不无打探新皇帝对全真教态度的可能。也许是知道了卫绍王对全真教并不防范，王处一以后高调行事，次年在蓟州玉田县大规模举行醮事。据说，在法事结束后，王处一还曾对身边的人说："北方道气将回，空中神明往来，有刀剑相碰撞之象，恐怕生灵将要受苦了。"由此预言了蒙古对金朝的进攻。我们可以看出全真教对政治局势的关注，此时的全真教已不再是邱处机隐居苦修时的全真教了。

王处一曾受到金世宗、金章宗两位皇帝的召见，应该说，在卫绍王即位之后，这样一位高道自动来到京城，是非常容易引起皇帝的兴趣并受到召见的，何况应该还有一些朝廷大臣斡旋其间。若新皇帝召见了王处一，那么，这将给全真教带来新的荣耀，成为其大肆宣传的内容，对全真教的进一步传播实在具有莫大好处。但是，就历史典籍记载来看，卫绍王却并未召见王处一，不知道是卫绍王对宗教事务并不太感兴趣，还是识破了全真教方面的预谋而有意淡化处理。

此后，全真教对金朝的态度出现了微妙的变化。1210年，在成吉思汗的三次进攻之后，西夏国主李安全投降求和，蒙古解决了来自侧翼的威胁。1211年，成吉思汗在怯绿连河畔召开大会，正式对金宣战。蒙古举倾国之兵对金朝发起进攻，在野狐岭一役全歼金军主力部队之后，攻破居庸关，直打到金朝都城之下。很明显，政局的巨变使全真教开始慎重地持观望态度了。

接下来的两年里，蒙古军连续对金朝发起猛烈进攻，金军节节失利，北方大片领土被蒙古军占领。1213年，金朝发生内乱，胡沙虎发动政变，杀死卫绍王，立金宣宗。1214年，蒙古军再一次合围金朝都城，金宣宗求和。在蒙古军撤走之后，对蒙古充满恐惧的金宣宗迁都南京，以避蒙古兵锋。1215年，成吉思汗借口金宣宗迁都是违反和约，再次发动对金的战争，蒙古军攻克燕京。与此同时，成吉思汗遣使要求金宣宗献出河北和山东，去帝号改称河南王。金宣宗不肯答应，蒙古军遂加紧进攻，黄河以北几乎全被蒙古军占领。

在短短几年时间里，时局发生如此巨变，简直使人目不暇接，金朝很快就现出灭亡之象，作为全真教的掌教，邱处机自然不愿意与金朝廷再扯上什么关系。1216年，当邱处机在登州时，金朝的东平监军王庭玉，带着金宣宗的诏书召邱处机去金国新都南京，邱处机婉言拒绝了。与接到金世宗诏书后立即起身进京相对比，我们更能看出邱处机对金朝态度的变化。

在此时期，邱处机一直活动于山东，但他肯定也在关注时局的变化，并慎重地思考全真教的下一步应该如何走。战乱并未影响全真教的传播，混乱和杀戮使普通百姓深切地感受到生命的脆弱，使他们更倾向于求得神灵的护佑，不久前在刘处玄掌教时在各地建立起来的全真教的道观，成为各地百姓的避难所。虽然没有得到皇帝的召见，但全真教在民间的影响力却一直在稳步上升。随之而来，如何保护信众的安全就成了全真教掌教邱处机不得不慎重思考的问题。

1213年1月23日，广宁真人郝大通在宁海州先天观仙逝，享年73岁。1217年5月29日，玉阳真人王处一在圣水玉虚观仙逝，享年76岁。全真七子唯有邱处机一人在世了，邱处机明显地感觉到了自己肩上这副担子的分量。

1219年，山东红袄军首领李全及当地割据势力张林先后投降南宋，山东大部分地区在名义上成为南宋的属地。就在这一年，当邱处机居住在莱州昊天观的时候，南宋的皇帝遣使臣专程来山东，请邱处机南下，也为邱处机婉言谢绝。

蒙古攻金，打破了从前金与南宋之间的平衡，原本在金朝控制下的华北各地的归属竟成为一个悬而未决的问题。是迁都汴京的金朝能够复兴，守住华北平原，还是南宋乘金朝削弱之机联蒙灭金占领华北，或者是最终蒙古军队南下，将华北平原纳入大蒙古国的疆域范围，当时人的猜测也不尽相同。不过，多数人认为，金宣宗迁都是完全错误的，迁都使金朝大势已去，灭亡只是一个时间问题了。像李全、张林，显然是认为南宋会借金朝灭亡之机复兴，因而投靠了南宋，当然，其中也存在民族情感问题，他们都是汉人，自然更倾向于汉人建立的南宋王朝，而不是成吉思汗的大蒙古国。

金、蒙古、南宋三方显然都在为最终占有华北地区进行努力，除了军事方面的争夺外，也在想方设法取得当地民众的认同与支持，三国的统治者心里都非常清楚，人心向背是影响政局的重要力量，因此，在华北民间具有深厚基础的全真教，就成为三国统治者拉拢的对象。金与南宋的皇帝先后下诏请邱处机赴京，显然是想通过礼遇全真教的掌教，从而拉拢、控制全真教，以便在接下来对华北地区的争夺中，获得各地全真教信徒的支持。

邱处机也非常清楚，他自己去见哪个皇帝，这不是他个人的喜好问题，而是决定全真教前途与命运的大事。在三方逐鹿华北，尚未尘埃落定之前，作为掌教，他倾向于哪一方是至关重要的，如果选择错误，很可能会将全真教带入万劫不复的深渊。毕竟华北地区的新主人要灭掉一个曾经与自己的敌人站在一起的教派是非常容易的事情。战败的军队可以撤走，但全真教的根基在华北与关中，宫观寺院、信教民众可都是搬不走的，从这个意义上讲，这个选择对邱处机来讲更为艰难，毕竟他不能冒一点险，因为输不起。

无论是当地士绅，还是全真教的信徒，也都在关注着掌教邱真人的态度。1216年，当邱处机拒绝觐见金宣宗之后，很多人猜测，邱处机的态度应该是倾向于南宋的，毕竟重阳真人也好，全真七子也好，他们都是汉人。但1219年，邱处机又谢绝了南宋皇帝的邀请，这就使大家都困惑起来。

就在邱处机谢绝南宋的邀请之后，汴京的金宣宗又一次遣使请邱处机进京，但由于战乱道路不通，使者未能抵达山东，无功而返。李全、张林降宋后，南宋方面还曾经授意李全劝说邱处机赴南宋，但也为邱处机所拒绝。

也许邱处机是想保持一种超然的态度，与金、南宋、蒙古的统治者皆不发生关系，一直等到局势明朗之后，再选择与控制华北大地的新王朝合作？有人抱着这样的猜测来试探邱处机的态度，说："大宗师能够留在我们山东，使我们有了依靠，这真是太好了。"邱处机比较含蓄地否定了他们的猜测，说："我的行止，不是你们可以知道的。日后也许我不能留居此地了。"

那么，邱处机究竟想何去何从？有人觉得不敢想下去了。

就在这个时候，刘仲禄历尽千辛万苦来到了山东。

刘仲禄，名刘温，字仲禄，本为山西马邑（今山西朔州）人，蒙古军南下时投奔成吉思汗。因为善于制作响箭，又熟悉中原地区的政治形势、风土人情与地形险要，受到成吉思汗的重用。1219年成吉思汗准备出征花剌子模时已经58岁了，感觉身体状况大不如从前，略通一些中医的刘仲禄又成为成吉思汗养生方面的顾问，投其所好，刘仲禄向成吉思汗推荐了邱处机，并宣称邱处机作为真人已经活了300多岁了，有长生不老之术。

显然刘仲禄对邱处机与全真教的了解并不多，全真教的兴起只不过是半个多世纪的事情，但由此我们也可以看出，当时邱处机在民间的影响力有多大，有关他的传奇故事在各地广为流传，并且出现了许多对他加以神化的传说。

成吉思汗听了刘仲禄的介绍后怦然心动，派刘仲禄带"如朕亲行，便宜行事"的金牌，率20名蒙古士兵，从也儿的石河（今额尔齐斯河）出发，去请邱处机来与自己相见。因为刘仲禄曾经佩有这样一个权力极大的"便宜行事"的金牌，后来他有了一个在当时非常威风、在现在看来却非常滑稽的外号，"刘便宜"。

刘仲禄于1219年农历的五月出发，六月至白登山以北的威宁，七月至德兴，八月抵达燕京。实际上，在此之前刘仲禄并未见过邱处机，在兵荒马乱的年代里，他更不知道邱处机在哪里。抵达燕京之后，刘仲禄才开始向燕京的全真教信众打听邱处机的下落。虽然王处一、邱处机、刘处玄等人曾先后奉诏来过燕京，因而全真教在燕京很有影响，信奉者众多，但由于战乱，消息不通，燕京的全真教信众也说不准邱处机现在何处。对邱处机比较了解的人推算，邱处机这一年应该是72岁了，全真七子中的其他六位都已经仙逝，邱处机是否还在人世恐怕都是个问题。

刘仲禄不为所动，在战乱中继续南下，过中山（今河北定县）、真定（今河北正定），才听到一些消息，说邱处机仍健在，可能是在东莱。刘仲禄一下子感觉希望大了起来，直到他来到山东益都府（今山东青州），见到益都府的两位官员吴燕、蒋元，才知道了关于邱处机的确切消息。刘仲禄大喜过望。

吴燕、蒋元告诉刘仲禄，邱处机确实已经72岁高龄了，但身体康健，出门远行都不是问题，但在此前他已经屡次拒绝了金宋两方面的邀请，恐怕也不会答应去见成吉思汗的。

刘仲禄立即表示，他要调兵5000人，去请邱处机。刘仲禄的意思不外是以武力相要挟。吴燕很含蓄地劝告刘仲禄，这个方案是行不通的："山东之人听说两朝议和，人心才稍稍安定下来，如果现在忽然出现一支蒙古部队进入山东，会使百姓惊恐的，要么据险坚守与军队对抗，要么就会乘船出海逃难去了，这样会给地方上带来不必要的动荡。"刘仲禄也明白吴燕的意思，武力威胁对邱处机不起作用，邱处机如果真的不愿意去见成吉思汗，就会在大军到来之前躲到海外去，令你无从寻找，而且还存在另一种可能，若是激怒全真教，发起民变，后果将不堪设想。

刘仲禄一时沉默了，吴燕却淡淡地说："若想把事情办成，却也不必如此。"他建议刘仲禄轻装简从去见邱处机，一方面可以不引人注意，也不会引起地方上的动乱；另一方面，还可充分显示出自己的诚意，以此打动邱处机。在益都，刘仲禄又拜见了邱处机的弟子李志常。李志常显然是愿意促成此事的，并积极出谋划策，让刘仲禄先去潍州（今山东潍坊）去找邱处机的大弟子尹志平，先说服尹志平，由尹志平出面劝说邱处机，这样成功的可能性会大得多。刘

邱处机与成吉思汗

成吉思汗诏书刻石

仲禄一切照办。

1220年1月,在尹志平的陪同下,刘仲禄来到东莱,终于见到了邱处机,并转交了成吉思汗给邱处机的诏书。

成吉思汗的诏书全文,在元代被道士们刻石留念,原刻石镶嵌于山东栖霞太虚宫邱祖殿的墙壁上,现被栖霞文物部门收藏。石刻为青花岗岩材质,呈长方形,高48厘米,宽79厘米,阴刻26行,共434字。

制曰:天厌中原骄华太极之性,朕居北野嗜欲莫生之情。返朴还淳,去奢从俭。每一衣一食,与牛竖马圉同弊共飨。视民如赤子,养士若弟兄。谋素和,恩素畜。练万众以身人之先,临百阵无念我之后。七载之中成大业,六合之内为一统。非朕之行有德,盖金之政无恒。是以受之天祐,获承至尊,南连赵宋,北接回纥,东夏西夷,悉称臣佐。念我单于国,千载百世已来未之有也,然而任大守重,治平犹惧有阙。且夫刳舟剡楫,将欲济江河也;聘贤选佐,将以安天下也。朕践祚已来,勤心庶政,而三九之位,未见其人。访问邱师先生体真履规,博物洽闻,探赜穷理,道冲德著,怀古君子之肃风,抱真上人之雅操,久栖岩谷,藏身隐形,禅祖宗之遗化,坐致有道之士,云集仙径,莫可称数。自干戈而后,伏知先生犹隐山东旧境,朕心仰怀无以。岂不闻渭水同车、茅庐三顾之事?奈何山川弘阔,有失躬迎之礼。朕但避位侧身,斋戒沐浴,遣差近侍官刘仲禄备轻骑素车,不远千里,谨邀先生暂屈仙步,不以沙漠悠远为念,或以忧民当世之务,或以恤朕保身之术。朕亲侍仙座,钦唯先生将咳唾之余,但授一言斯可矣。今者聊发朕之微意万一,明于诏章,诚望先生既著大道之端要,善无不庶,亦岂违众生小愿哉!故兹诏示,惟宜知悉。五月初一日。

看完成吉思汗的诏书,出乎所有人意料的是,邱处机想都没想,就一口答应下来。对于邱处机来说,局势是非常清楚的,蒙古人占据华北平原已经是不可挽回的趋势了,为了全真教的生存和发展,能与蒙古最高统治者建立起某种联系,这无疑是最好的契机。

此外,邱处机的心中还存在另一层考虑。几年来,他虽然一直居住在山东,但关于蒙古军残酷杀戮的种种行径也是早有耳闻。邱处机注意到成吉思汗诏书中的一句话,"或以恤朕保身之术",明白了成吉思汗征召自己是为了求得长生之术,越是显赫的帝王越是不愿意死,这是古往今来的通例,那么,是否能以此为切入点,劝说成吉思汗减少杀戮呢?至少在邱处机看来,这不是不可能的。为了天下苍生,值得远行一试!

邱处机的这种想法，在后来旅途中所做的一首诗中表现得最为清楚：

> 自古中秋月最明，凉风届候夜弥清。
> 一天气象沉银汉，四海鱼龙耀水精。
> 吴越楼台歌吹满，燕秦部曲酒肴盈。
> 我之帝所临河上，欲罢干戈致太平。

邱处机要去见成吉思汗，为的是"欲罢干戈致太平"，这是他作为修道之人的追求，也是他的使命，因此邱处机毫不犹豫地接受了成吉思汗的邀请，决定远赴西域去觐见成吉思汗。事情容易得出乎刘仲禄的意料，就连邱处机的亲信弟子尹志平、李志常也大感意外。

邱处机对刘仲禄说："我这里日常必需品不足，招待不周，你还是先回益都府等我吧。马上就到正月了，正月十五日的上元醮是我道家的重要典礼，你等我在此地举行完上元醮事，派十五名骑兵来接我就是了。"刘仲禄表示同意。两人约定，正月十八日，即1220年2月23日出发。

刘仲禄走后，邱处机就开始为远行做准备了。多年苦修，邱处机的个人生活非常简朴，虽然是出远门，也根本不带什么，主要的一项准备工作是挑选随行弟子。最终选定赵道坚、宋道安、尹志平、孙志坚、夏志诚、宋德方、王志明、于志可、张志素、鞠志圆、李志常、郑志修、张志远、孟志稳、綦志清、何志坚、杨志静、潘德冲十八位弟子随行。邱处机此次选拔随行弟子的标准极严，不仅要有功修、有德业，还要精通全真教的思想，在教中素有声望，可以说，邱处机此行几乎带上了全真教的大半精英。看来邱处机是有意给这些全真教的骨干创造一次与最高统治者接触的机会,增加他们身上的神秘色彩,将他们推到一个更高的层次,以便他们在自己身后推动全真教进一步发展。随行十八士由西域归来后,确实成为全真教的核心团队,其中的尹志平、李志常曾在邱处机去世后,先后出任全真教的掌教。

就在邱处机为西行积极作准备时,成吉思汗已经指挥部队杀入花剌子模国的境内了。

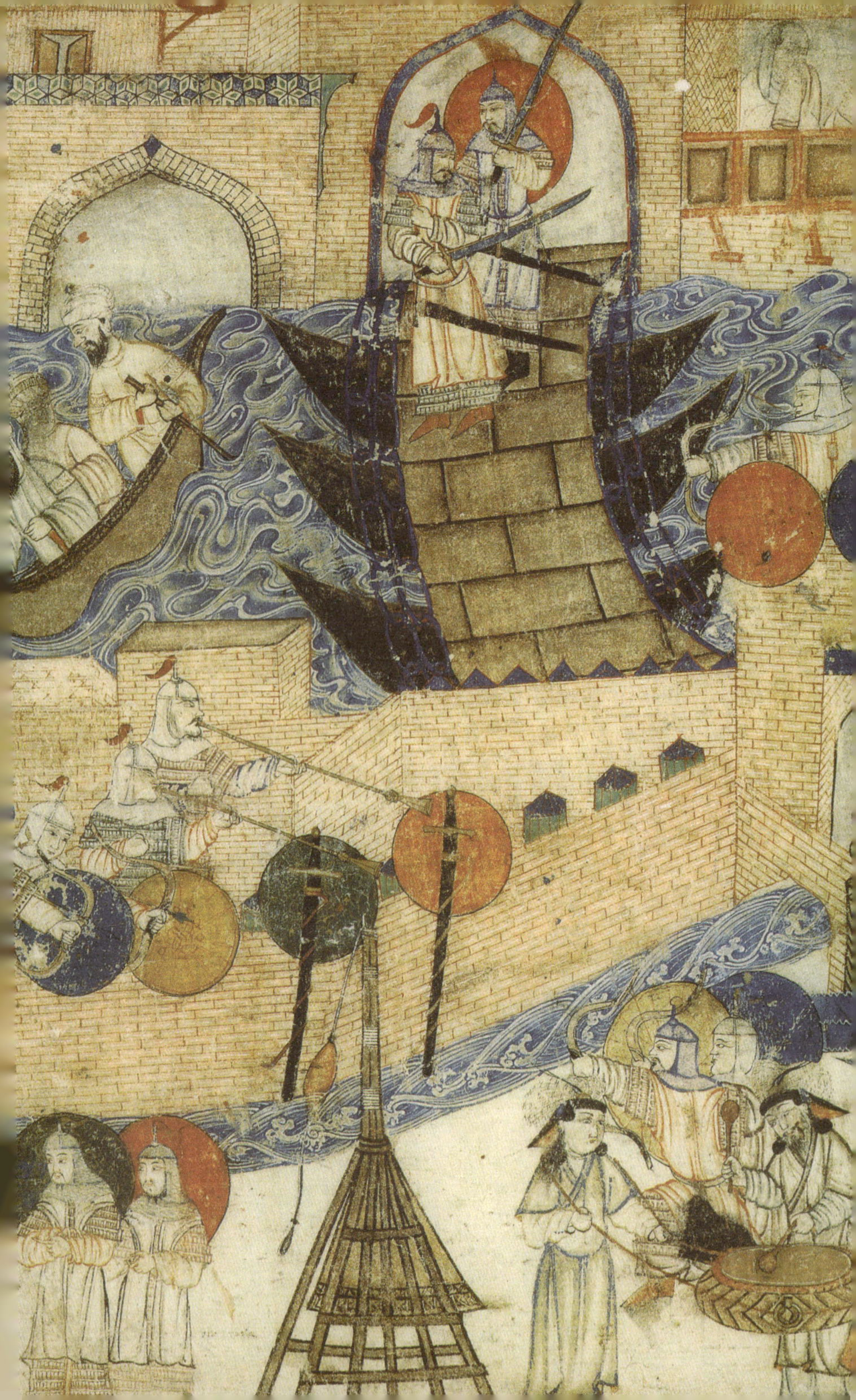

第三章

成吉思汗的西征

  由于成吉思汗向西开通商路的计划受阻于花剌子模，他不得不将进攻金朝的任务交给他最信任的将军木华黎，自己率领部队踏上了西征之路。这是蒙古人的第一次西征，连同后来成吉思汗的子孙进行两次西征，蒙古人的三次西征不仅使蒙古汗国的疆域向西方近乎无限的延展，而且真正地震撼了世界。就在成吉思汗召集部队准备西进的时候，他深切地感觉到自己老了，他不想死，他还有很多事业没有完成，因此他对讲究修炼长生不老久视的道教产生了浓厚的兴趣，请全真教掌教真人邱处机来与自己见面。

一 亦都护与屈出律

|邱|处|机|与|成|吉|思|汗|

早在840年漠北的回鹘汗国瓦解之后，回鹘人就开始了西迁和南下的进程。外迁的回鹘人主要可以分为三大支，进入今河西走廊地区的河西回鹘，因其统治中心在甘州，也被称为甘州回鹘；进入今新疆东部地区，以唐代西州（治所在今新疆吐鲁番市的高昌古城）为统治中心的西州回鹘，也称高昌回鹘；还有进入葱岭以西的一支，最终建立喀喇汗王朝，也称黑汗王朝。

甘州回鹘后来为西夏所灭，河西走廊地区为西夏所控制。在辽朝灭亡以后，西迁的契丹人建立西辽，高昌回鹘和喀喇汗王朝都成为西辽的属国。喀喇汗后来分裂为东西

反映回鹘人西迁的维吾尔族油画

两个部分,就在成吉思汗开始进攻金朝的时候,东喀喇汗王国于1211年为西辽所灭,西喀喇汗王国于1212年为中亚的花剌子模所灭。

草原强部乃蛮部被成吉思汗打败之后,其首领塔阳汗之子屈出律逃往西辽,这使得成吉思汗开始考虑如何对待西方的高昌回鹘、西辽和花剌子模三个政权的问题。由于受到对西夏、对金战争的牵制,蒙古部队无暇西顾,因此成吉思汗决定首先对高昌回鹘采取招抚政策。

高昌回鹘的首领称亦都护,此时的亦都护名叫巴而术阿而忒的斤,面对大蒙古国的兴起,特别是看到蒙古军队在进攻西夏战役中所表现出来的战斗力,亦都护发现,自己是无论如何都无法与蒙古人的势力相抗衡的,因此采纳了国相伲俚伽的建议,发兵杀死西辽的"沙黑纳"少监,要摆脱西辽的控制,转而投靠蒙古人。正当他们准备派出使者去觐见成吉思汗时,成吉思汗派出的招降使臣已经来到了当时被称为哈剌火州的高昌城,亦都护立即派出使者,携带国书去朝见成吉思汗。

1211年的春天,亦都护又亲自携带大量珍宝,来到陆局河(即今克鲁伦河)的行宫朝见成吉思汗,他对成吉思汗说:"若蒙成吉思汗垂青,望顾念臣下听到召唤立即远道前来进见纳贡,请赐我红袍金带,让我做您大汗四个嫡子之外的第五个儿子,我必将更加顺从地为你效劳。"成吉思汗非常高兴,说:"我不仅准了你做我第五个儿子的请求,我还要把我的女儿嫁给你。"成吉思汗真的将女儿阿勒阿勒坛嫁给了亦都护。

控制今阿尔泰山以西、伊犁西北、巴尔喀什湖东南一带的另一个西辽属国哈剌鲁,也主动投降了大蒙古国,成吉思汗也将另一个女儿嫁给了其首领阿儿思兰汗。此后,阿儿思兰汗的几代子孙,都与成吉思汗的家族保持着联姻关系,在蒙古四大汗国之一的察合台汗国建立以后，其统治区成为察合台汗国的组成部分。

高昌回鹘、哈剌鲁成为大蒙古国的属国，其统治者都成为成吉思汗的女婿，大蒙古国的势力不仅进入今中国新疆一带，更远达中亚的伊犁河流域和巴尔喀什湖地区，可以说，通往西域的大门已经向蒙古人敞开。

据说，乃蛮王子屈出律，是在逃到库车附近的山里流浪时，被西辽军队发现，并被带往西辽的都城虎思斡耳朵。屈出律向西辽的末代君主直鲁古宣称，只要借用西辽的名义，他就能召回自己散居天山以北各地的部众，他们可以协助西辽抵抗成吉思汗的入侵。屈出律甚至发誓说："我决不背离您指定的方向，哪怕竭尽全力也要完成您的任何命令。"

屈出律骗得了昏庸的直鲁古的信任，甚至娶西辽公主浑忽为妻，由流浪王子转而成为西辽权势通天的驸马。但是，屈出律的野心却并未得到满足，他一次次的阴谋计划最终彻底架空了直鲁古，迫使他的岳父大人退位成为太上皇，而将皇位传给自己。就这样，屈出律竟堂而皇之地成为西辽的君主。

乃蛮人本来是信奉景教的民族。景教，就是基督教的聂斯托利派。据1623年出土的《大秦景教流行中国碑》记载，景教早在唐代就已经传入中国。唐代以后，景教在中原地区逐渐销声匿迹，却在蒙古草原找到了信奉者。出身乃蛮部的屈出律本来也是信奉景教的，在娶西辽公主为妻以后，受契丹人影响，改信佛教。

在西辽国内，虽然统治者契丹人信奉佛教，当地居民却大部分信奉伊斯兰教。契丹统治者向来不干涉当地居民的信仰，信仰佛教的契丹人与信仰伊斯兰教的回鹘人各行其是，相安无事。但屈出律控制西辽政权之后，却在境内采取打压伊斯兰教的政策。

喀什艾提尕尔清真寺

  1215 年，屈出律迁都喀什噶尔（今新疆喀什），并大肆杀戮当地的贵族与宗教界上层人士。屈出律还下令关闭清真寺，禁止穆斯林礼拜和集会，要求当地居民或者改信佛教，或者改穿契丹人的服装，二者必择其一。喀什噶尔的百姓们被迫改变服饰而保留了伊斯兰教信仰。1216 年，屈出律带兵攻下于阗城，把城里的神职人员统统赶到郊外。于阗的大伊玛目阿老丁·穆罕默德被活活钉死在清真寺的大木门上！穆斯林们悲愤地诅咒屈出律："全知的主啊，你大发慈悲，把他投入海中直到淹死！"屈出律的倒行逆施使他彻底失去了民心。

  1218 年，西征的蒙古军在哲别的统率下向西辽发起进攻，哲别宣布不侵扰百姓，尊重当地居民的信仰，允许穆斯林自由地诵读《古兰经》和做礼拜，西辽民众大开城门迎接蒙古军队。正在喀什噶尔的屈出律仓皇出逃，逃到帕米尔群山之间的山谷中，在一个叫"撒里黑昆"的地方，被山中猎户包围活捉送给了蒙古将军，后来被成吉思汗处死。西辽的疆域从此被全部纳入大蒙古国的版图。

二 摩诃末的挑衅

花剌子模,在波斯语中意思为"低平之地"。花剌子模人善于经商,并且很早就与蒙古人有贸易往来,因此蒙古人称花剌子模为"撒儿塔兀勒",意思是商人集团。

花剌子模原是位于阿姆河下游低平地带的一个古国,在阿拉伯人兴起以后,包括花剌子模在内的中亚各地都成为阿拉伯帝国的组成部分。9世纪后期,阿拉伯帝国陷入分裂割据之中,花剌子模先后臣属兴起于阿拉伯帝国东部的萨曼王朝、哥疾宁王朝和塞尔柱王朝(又称古尔王朝)。

11世纪末,塞尔柱王朝的苏丹任命奴隶出身的突厥大臣阿努思惕斤的儿子护都不丁为花剌子模地区的长官,并允许他沿袭使用花剌子模沙也就是花剌子模王的称号。花剌子模开始逐渐成为伊斯兰世界东部地区一个新兴的地方势力。在契丹人进入中亚地区以后,花剌子模成为西辽的属国。

花剌子模地处中西交通要道,疆域包括今天的吉尔吉斯斯坦、塔吉克斯坦、乌兹别克斯坦、土库曼斯坦等国的全部以及今天阿富汗和高加索的一部分,占据了整个中亚及西亚的一部分,在当时是中亚地区举足轻重的政治势力。

到1200年摩诃末成为花剌子模沙的时候,在前人领土扩张的基础上,乘西辽实力大为衰落的时机,大肆发动吞并周边地区的战争。1210年,摩诃末战胜西辽,花剌子模成为独立的国家,不再是西辽的附属国。1212年,摩诃末袭杀了撒马尔罕(今乌兹别克斯坦撒马尔罕)的统治者斡思蛮汗,撒马尔罕成为花剌子模新的首都。花剌子模开始以中亚强国的姿态出现在世界历史的舞台上。

1215年，摩诃末消灭了残存的塞尔柱王朝，将自己的统治范围扩大到了今天的巴基斯坦、阿富汗和伊朗等地区。1216年，摩诃末又占领了今天伊拉克的北部地区。花剌子模由此达到鼎盛。

一系列的战争胜利使得摩诃末急剧膨胀，充满了极大的野心，竟要求阿拉伯帝国阿拔斯王朝的哈里发册封他为算端，也就是苏丹，并同意他在巴格达设立官员进行监治。他的要求遭到哈里发拒绝后，便恼羞成怒，马上率兵打败了支持哈里发的法儿思（今伊朗法尔斯）、阿哲儿拜占（今阿塞拜疆）两国国王，并迫使他们称臣纳贡。摩诃末还想攻打阿拔斯王朝的首都巴格达，但是大雪阻止了他前进的脚步，同时受到沿途居民的攻击，最后只好返回花剌子模。

摩诃末听商人们说起过中国的富庶，竟有了吞并中国的想法。又听说蒙古人攻打金朝，并占领了中都，便于1215年派出一个使团来中国，打探蒙古人的实际情况。

使团于1215年年底来到中都，成吉思汗在驻营地接见了他们，明确指出自己是东方的统治者，摩诃末是西方的统治者，表示蒙古愿与花剌子模友好相处，允许商人自由往来。花剌子模兵锋正盛，正在积极进行征服金朝战争的成吉思汗也不愿意在西方给自己再树强敌。

花剌子模的使者将成吉思汗拥有众多兵马的情况报告给了摩诃末，摩诃末考虑再三，也不敢轻易对蒙古开战。此后，双方相安无事，贸易往来日渐增多。

1218年春天，成吉思汗派出的由花剌子模人麻哈茂德、不花剌人阿里火者、讹答剌人玉素甫和坎哈组成的使团，携带大量贵重礼物到达花剌子模，成吉思汗在国书中表达了愿与摩诃末和平友好交往、允许商人自由贸易的意愿。

摩诃末为了得到更多的关于成吉思汗的情况，晚上便将同是花剌子模人的麻哈茂德叫来。摩诃末向麻哈茂德问道："成吉思汗的军队是不是也和我的军队一样强大？"麻哈茂德或是怕失去摩诃末送给他的珍贵礼物，或是一心想做成吉思汗的忠实奴仆，希望更稳妥地将摩诃末拖入陷阱，就回答道："你的军队就像太阳那样强大，成吉思汗的军队只有月亮那么大。"摩诃末听后非常高兴，答应与成吉思汗缔结和约，同意商人自由往来。

被成吉思汗称作"黄金绳索"的中国与中亚之间的贸易通道，从1215年一直到成吉思汗征讨摩诃末之前都畅通无阻。有人甚至说，青年女子可以头顶一盆黄金，从不花剌（今乌兹别克斯坦布哈拉）走到中国，路上不会遇到任何危险。

大约在1215年前后，三个花剌子模商人携带大量的织金料子、彩色印花棉布等贵重货物来到蒙古进行贸易。在他们返回时，成吉思汗派出了一支由450多名穆斯林组成的商队，随他们一同前往花剌子模。商队驱赶着500多头骆驼，驮载着金银、中国丝绸、蒙古毛皮，在1218年的春天来到花剌子模的边境城市讹答剌（今哈萨克斯坦阿雷斯河口附近）。

讹答剌的长官亦难出想将商队的财物据为己有，便将商队说成是成吉思汗派来的间谍，把商人们全部扣押。亦难出将商队是间谍的事情上报给摩诃末，摩诃末不查虚实便命令亦难出将商人全部处死，将商队带来的财物全部没收。

商队中的一个人，有说是个商人，也有说是个牵骆驼的人，从监狱中逃了回来，将商队的遭遇报告给成吉思汗。成吉思汗听后，怒火中烧，愤怒的情绪久久不能平复。处于愤怒中的成吉思汗一个人登上山头，将帽子扔到一边，脸面向大地，祈祷了三天三夜，说："我不是这场灾难的挑起者，赐给我力量去复仇吧！"此后，成吉思汗从山上走下来，进行战争准备。

虽然如此，成吉思汗还是强压怒火决定首先通过外交渠道解决此次事件。成吉思汗派出父亲曾经做过花剌子模官员的巴哈剌作为正使、两名蒙古人作为副使，前往花剌子模与摩诃末交涉。

使团传成吉思汗的话："你之前和我约定保证双方商人的安全，今天为什么违反约定杀我商人，抢我财物？你真不配做一国之主。如果讹答剌守将残杀我国商人一事不是你下的命令，那么就把守将交给我处置，否则的话就准备战争吧！"

摩诃末并不在意成吉思汗的威胁，他将巴哈剌杀死，把两个蒙古副使剃光胡须后放回去见成吉思汗。剃掉胡须对蒙古人来说是一种奇耻大辱。

摩诃末之所以这么做，无疑是向成吉思汗示威和挑战。把复仇行动当作光荣和勇敢的成吉思汗，当然不会吞下这颗苦果，面对这种凶残的杀戮和极大的侮辱，他决定要摩诃末用鲜血来偿还。

有的学者认为，成吉思汗并没有派使团与摩诃末交涉，而是将一封信寄给了摩诃末，这封信可以看成是蒙古人对花剌子模的宣战书。信里只有一句可畏的话："你选择了战争，唯有上天知道我们两者结局如何。"

亦难出杀害商人、没收财物，摩诃末杀害、羞辱使者，只不过是成吉思汗攻打花剌子模的一个导火线而已。实际上，成吉思汗早就有了占领富庶广大的花剌子模的打算。1217年，成吉思汗将经略金朝的重任交给木华黎时，就已经开始作攻打花剌子模的准备了。1218

蒙古大军西征图

年，成吉思汗派哲别率领两万军队攻打盘踞在西辽的屈出律，消灭了乃蛮残部并占领西辽，扫除了征伐花剌子模的障碍，蒙古军即将发起对中亚强国花剌子模的全面进攻，成吉思汗的西征也由此拉开了序幕。

三 横扫中亚的杀戮

1219 年，成吉思汗召开忽里台大会，宣布出征花剌子模。从此开始了大蒙古国与花剌子模之间的多年争战。成吉思汗的西征是蒙古人的第一次西征，此后蒙古铁骑纵横在西亚、东欧各地，给西方世界造成巨大的震动。

成吉思汗从穆斯林商人、追袭篾儿乞残部以及与花剌子模军队交战的速不台、攻占西辽的哲别那里，多方了解花剌子模的情况。1219 年 5 月，在克鲁伦河畔，成吉思汗集结大军誓师，西征花剌子模，有近 10 万大军集中在这里。耶律楚材将当时盛大的场面描述为"车帐如云，将士如雨，马牛被野，兵甲赫天，烟火相望，连营万里。千古之盛，未尝有也"。

誓师以后，成吉思汗亲自率领四个儿子和诸将踏上远征花剌子模之路。6 月到达乃蛮故地阿尔泰山，冰雪挡住了前进的道路，成吉思汗命令士兵铲冰开道，率大军顺利通过。

正是在乃蛮故地，成吉思汗命刘仲禄东归，邀请邱处机赴中亚与自己相见。刘仲禄非常夸张地称邱处机已经有 300 多岁了，懂得长生不老之术，因此引起了成吉思汗的浓厚兴趣。这一年，成吉思汗 58 岁，而邱处机的真实年龄是 72 岁。从此事我们可以看出，成吉思汗动身西征时，已经感觉到自己的身体状况不大理想了，因而他才想到寻求长生之术。他还不想死，他不仅要灭亡花剌子模，还要灭亡西夏、灭亡金朝，他还要进行许许多多的征服事业。

这一年的盛夏，到达也儿的石河，成吉思汗派使者给摩诃末送去了战表，告诉摩诃末自己亲自率领部队来对摩诃末的所作所为进行报复。

在蒙古大军途经海押立（今哈萨克斯坦卡帕尔城附近）和不剌（今新疆博乐附近）时，哈剌鲁的阿儿思兰汗前来助战，高昌回鹘的亦都护也从别失八里（今新疆吉木萨尔北）率领军队来为成吉思汗效力。

大军抵达今天的天山西部的婆罗科努山山顶后，探马回报说道路不通。成吉思汗一面命令军队驻扎在山顶天池（今赛里木湖）周围，一面命察合台督促士兵修桥开路。一共架设了48座大桥，大军才从树荫遮天看不见阳光的一条长谷，出山来到阿力麻里（今新疆霍城西北）。

哈鲁剌首领昔格纳黑的斤也率领自己的士兵前来与成吉思汗会合。蒙古军队约有10多万人，三个属国随从出征的部队也有近10万人，兵力总共有20万人左右，但对外却宣称有60多万人。此外，还有一支1万人左右的懂得制造和使用攻城器械的金朝人组成的特别部队。有学者认为，有100多万头牲畜随蒙古大军移动。

蒙古大军在阿力麻里略作休整之后，便向西南进发，渡过了今天的伊犁河、楚河，进入西辽故都虎思斡耳朵，然后大军向西直奔讹答剌。蒙古大军从1219年5月出发，行军上万里，终于在10月到达讹答剌城下。

摩诃末听说蒙古大军到来的消息后，变得惊慌失措，既担心蒙古军队的进攻，又不敢集中兵力前去抵抗。因为他惧怕自己的军队在打败蒙古军后会调转枪头对付自己。于是他把40多万军队分散到各处，有些去把守边界的各个城堡，有些去守卫各地的城市。摩诃末则跑到了阿姆河以南的地方，随时准备逃跑。摩诃末的这一部署，使得蒙古大军不用经过野战就可以直接包围各地城市，各个击破。

成吉思汗来到讹答剌后，将部队分成四路：察合台、窝阔台率领一军留下来围攻讹答剌；术赤率领一军进攻毡的（今哈萨克斯坦彼罗夫斯克附近）等地；阿剌黑率领一军攻取别纳客忒（今乌兹别克斯坦塔什干以南）、忽毡（今乌兹别克斯坦列宁纳巴德）等城；成吉思汗和拖雷率领主力攻打不花剌、撒马尔罕。

蒙古大军攻打讹答剌之前，摩诃末感到亦难出的部队抵挡不住蒙古军队的攻击，就给亦难出增派了5万军队，又派哈剌察·哈思哈只不率领1万士兵前来助战。亦难出加固了城堡，将大量的军用和生活物资集中在城中，作长期坚守的打算。

1219年10月，察合台、窝阔台指挥部队从四面攻打讹答剌。蒙古军队发动了一波又一波的猛烈攻击，守城部队进行了十分顽强的抵抗，一次又一次打退蒙古人的进攻。双方厮杀了将近五个月，讹答剌才最终陷于绝境。哈剌察·哈思哈只不向亦难出提议向蒙古人投降。亦难出知道自己是引发战争的罪魁祸首，向蒙古人投降也是死路一条。亦难出对哈剌察·哈思哈只不说："如果我们献城投降了蒙古人，那就是不忠于摩诃末。我们拿什么理由为叛变进行辩解呢？我们也没有任何缘由来逃避穆斯林同胞的谴责。"

哈剌察·哈思哈只不当晚便带领自己的大部分士兵出逃，却被蒙古人抓个正着。哈剌察·哈思哈只不把城内的布防、兵力告诉了蒙古人，蒙古士兵随后将他和他的手下全都杀死。没过多久，蒙古军就攻下了讹答剌的外城，像驱赶绵羊似的把城内百姓赶到了城外，大肆劫掠财物。亦难出和他的两万军队退守内堡，与蒙古军进行了持续达一个月的惨烈战斗，最后只剩下了亦难出和两名亲信，蒙古军的伤亡也很惨重。

蒙古人将亦难出三人困在了屋顶，两名亲信很快就被杀死了。察合台和窝阔台下令要活捉亦难出，亦难出才没被杀死。亦难出手中没有了武器，便用妇女们从宫墙递来的砖头攻击蒙古人。砖头用完后，蒙古人将他围起来并试图抓住他。亦难出进行了多次反击，并打倒了很多人，最后精疲力竭被蒙古人活捉。这个时候已经是1220年3月了，这场战争持续时间长达五个多月。

蒙古士兵将亦难出五花大绑，又系上沉重的铁链。讹答剌的城池和内堡被夷为平地，幸存的百姓和工匠被带走。接着，察合台、窝阔台率领部队前往撒马尔罕与成吉思汗会合，亦难出被带到了撒马尔罕成吉思汗的驻地。成吉思汗为了表示对贪财者的惩罚和为商队报仇，命令手下把熔化了的滚烫的液体白银灌进了亦难出的眼睛和耳朵里，将他处死。

术赤负责攻取毡的方面的城池。术赤首先率军来到速格纳黑城（今哈萨克斯坦图门阿鲁克邮站以北18公里），派以哈散哈只为首的使团前去招降。哈散哈只和城内的居民很熟悉，而且是同族，因此术赤派他向城中的百姓发出警告，告诉他们如果投降，便可以保全生命和财产。哈散哈只进入城内，在他发出警告之前，一群恶棍、流氓、暴徒大吼大叫，随后杀死了哈散哈只。术赤得到哈散哈只被害的消息后，怒火中烧，将旌旗指向了速格纳黑，命令士兵昼夜不停轮番攻城。经过七天七夜的激战，蒙古人终于攻破了速格纳黑，为替哈散哈只报仇，术赤几乎将城内居民全部杀死。

术赤又攻占了几座边城，便来到了毡的。听到蒙古军接连取胜的消息，毡的守将忽都鲁汗和摩诃末派驻此地的一支军队，如惊弓之鸟，乘夜渡过锡尔河，穿越沙漠，跑到玉龙杰赤去了。得到守将及军队逃跑的情报后，术赤派成帖木儿去招降城内居民，并警告他们不要进行抵抗。城内居民因为长官出逃，处于群龙无首的境地，掀起了一阵骚动，企图毒死成帖木儿。成帖木儿察觉到百姓的恶意，对他们进行了一番安抚，提到了杀害哈散哈只那些人的下场，从而缓和了百姓的情绪。随后，成帖木儿与百姓订立了条约，声称不会让蒙古军来攻打毡的。居民接受了成帖木儿的忠告，对条约表示满意，没有伤害成帖木儿。

成帖木儿将城中居民怎样试图要他的命，他怎样用友善的语言才捡回一条命的事情告诉了术赤，又描述了百姓的软弱无能。术赤原本打算在哈剌忽木休整，并不想攻打毡的，但发生了居民想杀害使者的事件，就决意攻占毡的。

1220年4月21日，蒙古军来到毡的城下，填塞城壕，架设撞城器、射石机和云梯，准备攻城。城内大部分居民不知道怎样进行抵抗，只是关紧了城门，像参加节日的观众似的坐在城头和城垛上，对蒙古士兵的攻城行动感到不解并惊讶地说："这么高的城墙，他们怎么能爬的上来呢？"蒙古士兵将云梯架上城头的时候，城内百姓发动了一架投石机，但他们不懂得怎样使用，投出的一块沉重的石头竟然砸碎了投石机上的铁环。居民仅仅做了这一次象征性的抵抗，因此蒙古士兵很快爬上城墙，打开城门，结束了战斗，双方无一人伤亡。术赤只是把一小撮对成帖木儿无礼的人的首领处死了。蒙古士兵迫使居民留在城外，他们在城内大肆洗劫了九天九夜。术赤随后攻下了锡尔河下游的所有城池。

阿剌黑、速客秃、塔孩统帅5000人顺利攻下了别纳客忒。他们攻打忽毡时，却遇到了顽强的抵抗。忽毡城的守将是摩诃末的猛将之一、有"铁王"之称的帖木儿灭里，他放弃了忽毡城，率领1000名骁勇的士兵退守建在锡尔河中一个岛上的一座高大城堡。蒙古军发现不能马上攻打这个城堡，因为它在弓箭和投石机的射程之外。

为攻下这个城堡，成吉思汗派来了一支 1.5 万人的增援部队，蒙古军将忽毡、讹答剌等地的青壮年编入军队，在城堡周围共集中了 2 万蒙古兵和 5 万青壮年。蒙古兵命令青壮年从大山中搬来石头，蒙古兵则骑在马上将石头扔进河里。这个时候，帖木儿灭里已经造好 12 艘特别坚固、不怕弓箭的密封船。每天早晨，帖木儿灭里派出其中的 6 艘船与蒙古人进行激战。帖木儿灭里派兵不时清除蒙古兵扔进水里的石头、火油、火种，经常在夜间袭击蒙古兵。蒙古兵使用弓箭、射石机等来阻止此类骚扰，并不断用石头填塞河道，越来越接近岛上的城堡，帖木儿灭里被迫逃走。

一天晚上，帖木儿灭里把辎重、财物装在征集来的 70 艘船上，他自己则带一队人登上一艘大船，点起火把，闪电般飞速顺锡尔河而下，同时用弓箭不断射退两岸来阻击的蒙古人。帖木儿灭里在蒙古人不断的阻击和堵截下前进，直抵别纳客忒，蒙古人在这里设置了铁链

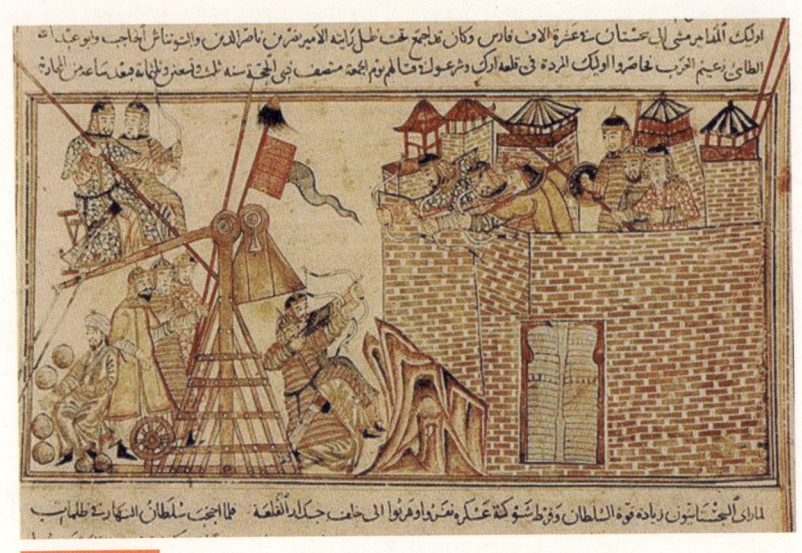

蒙古人攻城图

来阻挡帖木儿灭里的船队。帖木儿灭里的大船一下子就击断了铁链，冲了过去，两岸的蒙古人向他攻击，直到他到达毡的。

术赤知道帖木儿灭里要来，便在毡的沿河两岸布置兵力，结舟为桥，备好弩炮。帖木儿灭里得到术赤设防的消息后，便离船登岸，骑上快马飞逃。几仗过后，帖木儿灭里人马伤亡过半，辎重也被蒙古人抢去了，身边只剩了几个扈从，但仍进行抵抗。不久，就只剩下帖木儿灭里一个人了，手上只有一张弓三支箭。三个蒙古士兵追上了帖木儿灭里，他用一支既破又钝的箭射瞎了一个蒙古士兵的眼睛。他对另外两个蒙古士兵说："我还有两支箭，可以射死你们，你们还是回去吧！"两个蒙古士兵乖乖的退走了。帖木儿灭里向玉龙杰赤逃去。

成吉思汗和拖雷率领蒙古大军主力，从讹答剌城下直趋锡尔河与阿姆河之间的河中地区，先后招降了匝儿讷黑城、讷儿城（今乌兹别克斯坦努腊塔）。1220年3月初，成吉思汗率军来到不花剌城下。

不花剌意为"学术中心"，是中亚最大的宗教和文明中心，是当时仅次于撒马尔罕的第二大城市。

摩诃末派来的有丰富作战经验的将领和两万守军，看见塞川被野的蒙古骑兵，一个个惊恐万状，吓破了胆。蒙古军连续围攻不花剌数日，守军渐渐抵挡不住。拂晓时，不花剌将领决定夜袭正在军营中熟睡的蒙古军，以便乘机冲出包围。蒙古军很快从慌乱中清醒过来，重整队伍，在阿姆河岸边追上了不花剌守军和从城内出逃的大部分居民，把他们赶尽杀绝。第二天太阳刚升起，城内居民便打开城门投降了。

成吉思汗在礼拜寺大摆庆功宴，蒙古人放声唱歌，城内的歌妓为他们伴舞。蒙古士兵打开粮仓搬出了谷物，又把装《古兰经》的箱子抬到院子里当马槽来喂马，而把经卷丢得满地，任由人马践踏。一位虔诚的穆斯林见此情景,悲叹道:"怎么能这么干呢!不知道这是真实的还是我出现了幻觉?"一位长老立即小声对他说:"别出声,这是万能的真主吹来的风暴,我们是无能为力的。"

蒙古人酒足饭饱后,就把城内的百姓赶到城外的广场上。成吉思汗登上祭坛,对百姓进行了训示。说完摩诃末背信弃义的行径后,成吉思汗接着说道:"人们啊,你们要知道自己犯了大罪。你们问我为什么这么说,因为我是上帝之鞭。你们如果没有犯下大罪,上帝不会让我来惩罚你们。"成吉思汗又召见了城中的280名富人,要他们献出自己的金银财宝。成吉思汗对他们说:"地面上的财产就不用告诉我了,只要把埋藏在地下的财宝告诉我就行了。"这些富人为了活命不敢不老实交代,蒙古人挖出了他们的财物。

内堡里的400名突厥兵为了活命,奋战苦斗,尽可能在夜间袭击蒙古军。成吉思汗命令用火焚毁了大部分房屋,仅剩下清真寺和几座

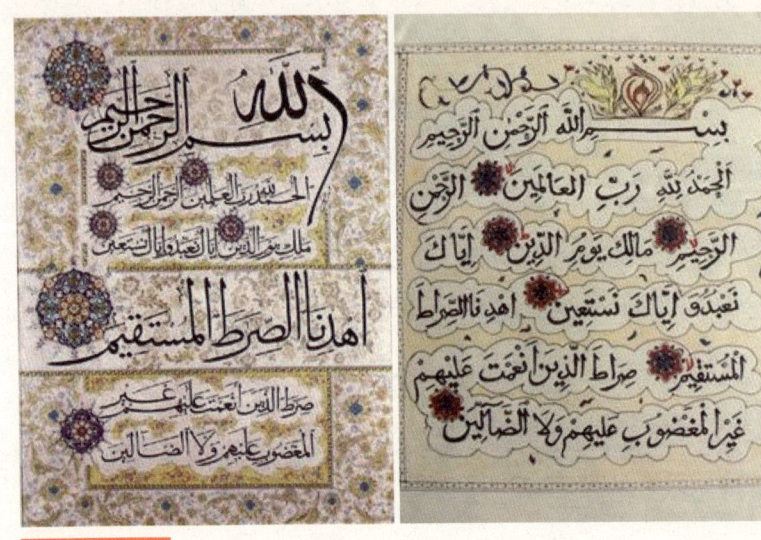

《古兰经》抄本

宫殿。接着驱赶不花剌人去攻打内堡。双方激战了12天，内堡最后被蒙古军攻占。蒙古军把鞭梢高的康里族男子全部杀死，遇害者有3万多人，他们的子女都变成了奴婢。肃清城内的反抗后，城墙和外垒被荡为平地。

一个从不花剌逃出来的人来到呼罗珊，向人们简明扼要地描述了蒙古军在不花剌的行径："他们到来，他们破坏，他们焚烧，他们杀戮，他们抢劫，然后他们离去。"

1220年4月，成吉思汗率军来到撒马尔罕。撒马尔罕意为"肥沃之城"，土地肥饶、物产丰盛。撒马尔罕城墙外围筑有多处斜坡，斜坡外又设立了若干外垒防线，城墙和壕堑得到了增高和加深。摩诃末派了11万军队驻守撒马尔罕，其中6万是突厥人、5万是大食人，都是摩诃末精心挑选的英勇善战之士。此外，还有20头躯干健硕、貌似凶神的大象，披着五颜六色的铁甲，作为马步兵在战场上的防护。

撒马尔罕虽然兵多将广，固若金汤，但是它覆灭的命运已经注定。成吉思汗充满了必胜的信念，采取稳扎稳打的战略，攻占不花剌等地，目的就在于切断撒马尔罕与周围城池之间的联系，使其陷于孤立无援的境地。察合台和窝阔台攻陷讹答剌后，便率军来与成吉思汗会合。蒙古军采用了"因粮于敌"、"借兵于敌"的策略，将抢劫来的各类物资作为后勤补给，驱赶从花剌子模各地征集来的青壮年随军攻打撒马尔罕。而成吉思汗的对手摩诃末一开始就摆出了一副被动挨打的架势，蒙古军进攻撒马尔罕之前，摩诃末早就丧失了胜利的信心。不断发出失败的哀叹，因此花剌子模军民斗志瓦解，失去了抗击蒙古人的决心和信心。

摩诃末在视察撒马尔罕城防工事时，曾当着广大官兵的面指着城壕说："前来攻打我们的蒙古大军，只要每人扔下手中的鞭子，这条城壕壕时就会填平。"蒙古人快要到来的消息传来，摩诃末竟然变得六神无主、坐卧不安，内心充满混乱和疑惧，最后慌慌张张地带领一部分军队逃跑了。逃跑路上，摩诃末到处对人说："我们无力与蒙古大军对抗，你们自寻活路吧！"蒙古大军集结于撒马尔罕城下，原本认为得用几年才能攻下撒马尔罕，没想到仅仅用了八天就攻占了花剌子模的首都。

成吉思汗花了两天的时间，亲自巡视撒马尔罕城池，思考攻城的具体方案。士兵在这两天里得到了充分的休整。第三天早上，蒙古人和征集来的青壮年将城池团团围住，突厥兵不断跟蒙古兵交锋，杀死并俘获了一些蒙古人，而他们也有1000人丧生沙场。第四天清早，成吉思汗亲自指挥部队包围城池，双方使用射石机和弓弩攻击对方。蒙古军把住城门的每一个出口，以阻止撒马尔罕士兵冲出城门与蒙古军交战。双方打得不可开交的时候，撒马尔罕人将20头大象投入战斗，蒙古军并没有逃跑，而是用弓箭射伤了大象，大象受惊后往回跑，踩伤了很多撒马尔罕士兵。

第五天的早晨，城内的教长、司教和法官们来到成吉思汗营地请降，得到许诺保证后，回到城内打开城门迎接蒙古大军入城。蒙古军进入城内，守城的撒马尔罕士兵撤到内城城堡。蒙古士兵立即动手拆毁外城的城墙和城外的壁垒。第六天清晨，大部分蒙古兵入城，把居民赶到城外。前来请降的那些人及与他们有密切联系的5万多人被允许留在城内。蒙古人颁发告示称：倘有人藏匿不出，那就要他流血丧命。

蒙古兵随即展开了大规模的劫掠，很多躲在地窖、地洞里的人，被蒙古士兵发现后遭到了杀害。象夫带着大象去见成吉思汗，请求发给象食。成吉思汗问他们，大象吃什么。他们回答说："原野上的草。"成吉思汗下令放掉大象，让它们自己去觅食。大象放掉后，最终却被饿死了。

夜里，退守内堡的守军发起突围，1000名士兵在阿勒卜汗的带领下杀出了一条血路，前去与摩诃末会合。第七天天刚放亮，蒙古军将城池又围得水泄不通，双方进行了激烈的战斗。蒙古人攻占城门，进入内堡。1000名英勇无敌的武士退守大清真寺，用火油筒和方镞箭与蒙古人进行激战。成吉思汗的部队同样使用火油筒回击，清真寺被蒙古人焚烧一空。内堡中的人全给赶到城外，突厥人和大食人分为两队。蒙古人把突厥人的前额剃成了蒙古人的式样，为的是稳住他们、消除他们的恐惧。但是太阳西落的时候，蒙古人将3万多突厥人和康里人全部处死。

第八天一早，蒙古人开始处置残余的百姓。3万名有手艺的工匠被挑选出来，分给成吉思汗的儿子们和族人；3万名青壮年被强制充军；其余的百姓，交纳赎金后被允许返回城内。

四 生子当如札兰丁

|邱|处|机|与|成|吉|思|汗|

成吉思汗来到撒马尔罕后,发现摩诃末已经离开,立即派哲别、速不台、脱忽察儿三人各领1万精兵相继渡河追击。这些兵卒都是从成吉思汗亲自率领的部队中按比例挑选的,个个勇猛善战。临行前,成吉思汗下达命令:"追击摩诃末,不管他到了世界上的什么地方,不论他是死是活,都要捉住他!一路上,遇到自愿为你们打开城门的人,就要善待那里的居民;遇到顽强抵抗的城池,就要坚决攻克。"

摩诃末在蒙古大军进入花剌子模后,一路狂逃。哲别一行来到巴里黑(今阿富汗巴尔克)时,摩诃末早已出走,城内百姓迎接蒙古军入城并献上礼物,蒙古军选了一名向导后便离开了。蒙古军到达匦维(今阿富汗托尔巴特黑达里)要求供应粮草,遭到城内居民拒绝,由于要赶路,便继续行军。匦维人看见蒙古军撤退,就昏了头,在城头摇动大鼓小鼓,张口辱骂。蒙古军随即返回,猛烈攻打该城,蒙古军进入城中,把遇到的人杀光,将笨重不便携带的东西焚烧和破坏干净。

摩诃末听说不花剌和撒马尔罕相继陷落,又准备西逃,他面对河中地区四次高喊"安拉万岁",祈求真主保佑。摩诃末母亲秃儿罕哈敦的亲族想乘机把摩诃末杀死,夜里放出暗箭射烂了他的毡帐。摩诃末提前得知有人要害他的消息后,便睡到了旁边的一个小的毡帐里,才免遭杀身之祸。第二天,摩诃末更换了自己的护卫亲军,但没来得及查出祸首就匆匆向西边的呼罗珊境内逃去。

呼罗珊是波斯语,意为"太阳升起的地方",在今天的土库曼、阿富汗、伊朗一带。蒙古军随后追踪，沿途不断击溃摩诃末的残余部队。在今天的德黑兰附近，蒙古军队与3万波斯军队相遇，一场恶战之后，最终消灭了对方。

由于不知道摩诃末的行踪，蒙古军分成两路寻找，速不台军经徒思（今伊朗马什哈德北），转而西至剌夷（今伊朗德黑兰南）。哲别军经志费因（今伊朗札哈台），西入祃拶答而（今伊朗马赞德兰），随后也来到剌夷城下。蒙古军得知摩诃末的踪迹后，又跟踪追至哈马丹（今伊朗哈马丹）、可疾云（今伊朗加兹温），继而折回东入祃拶答而境内的宽田吉思海（今里海），却又失去了摩诃末的踪影。

蒙古军在可疾云城的西面包围了摩诃末的母亲秃儿罕哈敦和嫔妃避难的哈伦堡，俘获了秃儿罕哈敦和摩诃末的嫔妃以及他的几个女儿和幼子，他的几个女儿被分给察合台等人，秃儿罕哈敦后来被成吉思汗带回蒙古草原，于1233年死在了哈拉和林（今蒙古国南杭县哈剌和林郡内）。

摩诃末躲在里海西岸的一个小城里，在一个小清真寺进行祈祷活动。一位曾经被摩诃末粗暴对待过的穆斯林，将摩诃末的行踪报告给蒙古军。蒙古军赶到这个小城时，摩诃末已经登船前往里海中的一个小岛，蒙古军在岸边万箭齐发，但都没有射中。其中几个蒙古士兵怒气冲天，不顾一切地驱马跳入海中，去追击摩诃末，最后人困马乏都被海水吞没了。

摩诃末在小岛上身染重病，有人说是得了肋膜炎。临死前，摩诃末废掉了秃儿罕哈敦所立的太子斡思剌黑，亲自将佩刀系在了札兰丁的腰上，命他继承王位，并说："光复故国，非札兰丁不可！"又要求其他儿子效忠札兰丁。1220年12月，摩诃末在这个小岛上与世长辞。

蒙古人知道摩诃末死亡的消息后,哲别和速不台决定沿着里海向北进军,扫荡一番后再与成吉思汗会合,并得到了成吉思汗的同意。哲别和速不台先向南进军,占领了几个在追击摩诃末时没有攻占的城池,然后掉头北上到了高加索地区。

蒙古大军首先进入今格鲁吉亚境内,与山地民族进行了一场激烈的战斗,损失惨重。蒙古军队又越过高加索的崇山峻岭,打败了阿兰、奇日柯斯、钦察三个部落。蒙古军继续追击钦察部落,来到里海西部的盐碱草原,不断将躲避蒙古军袭击的部落逼向北方,直到进入俄罗斯南部的保加儿地区。蒙古军在这里遇到了俄罗斯诸侯国8.2万人的军队。蒙古军队择机后退,选择好阵地后,便与俄罗斯军队进行了持续两天的战斗,俄罗斯大公和贵族军官们成为刀下鬼,残存的部队沿第聂伯河狼狈逃窜。蒙古军队来到克里米亚半岛,占领了热那亚人的一个商贸城。哲别和速不台于1223年年底率军东归,前去与成吉思汗会合。

1220年秋天,成吉思汗命察合台、窝阔台北上攻取玉龙杰赤,术赤率军南下,以形成南北夹击的态势。

玉龙杰赤在今天乌兹别克斯坦的乌尔坚奇,地处咸海南岸,横跨阿姆河。咸海在古代被称为花剌子模湖,因此玉龙杰赤也被称作花剌子模城。早在成吉思汗攻打撒马尔罕之前,就曾派近臣答失蛮去玉龙杰赤劝降秃儿罕哈敦,但遭到了拒绝。秃儿罕哈敦听说摩诃末放弃了撒马尔罕,又放弃了阿姆河防线西逃,她也离开玉龙杰赤跑到了祃拶答而。秃儿罕哈敦出逃时,没有安排留守的长官,玉龙杰赤陷于混乱。后来,秃儿罕哈敦的亲属康里统帅忽马儿被推举为苏丹,成为玉龙杰赤的最高统帅。这时玉龙杰赤汇集了突厥和康里部队达9万多人。

蒙古军大约是在1221年1月才对玉龙杰赤展开了包围和进攻。

招降城内居民遭拒后,蒙古军便开始攻城,但进展并不顺利。蒙古军为攻城准备了射石机、投掷器等武器,玉龙杰赤境内没有山石,蒙古兵只能用桑木作炮石,发射之前泡在水里以增

投石机

加重量。蒙古军命征集来的青壮年用垃圾填塞城壕,用了10多天完成了准备工作,随即从四面向城池发动冲锋和进攻。

忽马儿目睹蒙古军的杀戮过程,恐怕受辱,心胆俱裂,无计可施,完全乱了方寸,走下城楼不敢迎战。玉龙杰赤的军民反而进行了顽强的抵抗。激战过后,城墙变得坑坑洼洼,城门、城楼上布满密密麻麻的箭头。守城军民举着盾牌、顶着门板战斗,杀死了爬上城墙的蒙古士兵,修好了城墙上的缺口,一次又一次打退蒙古军的进攻,蒙古军的攻击并没有取得什么进展,反而留下了许多尸体。

蒙古军发现阿姆河有一条大渠通往城内,供应城中用水,水渠上有一座坝桥控制水量。蒙古军打算占领坝桥切断城内的水源,便组织了3000勇士去夺取坝桥。在箭雨和桑木炮弹的掩护下,敢死队凭借高超的武艺和勇猛的精神,终于冲上了坝桥。但玉龙杰赤守军争先恐后涌上坝桥,包围蒙古兵,最后将他们全部杀死。

这是蒙古军进入花剌子模后,进行的最为艰苦的攻坚战,七个多月过去,蒙古军留下了堆积如山的尸骨,才最终攻进玉龙杰赤。城内守军在每一条街道、每一个角落,顽强抗击蒙古军。经过七天的激烈巷战后,玉龙杰赤最终落入蒙古大军手中。

蒙古军对玉龙杰赤进行了毁灭性的报复，把城内所有军民赶到城外，约10万工匠被送往蒙古；年轻的妇女、儿童被掳为奴婢；有些工匠担心要到很远的地方，便混到居民中，不肯承认自己是工匠，他们同城内剩下的军民一起分配给蒙古军人，每个蒙古兵分到24个俘虏，任凭他们刀砍、枪刺、锹铲、箭射，遇难人数多达120万。而后，蒙古兵入城随意洗劫，并把残存的房屋全部捣毁。又恐城内有余生，蒙古军决定引阿姆河水灌城，躲藏在城内的人也被淹死。经过战火、杀戮、水淹之后，花剌子模繁荣而富裕的城市，玉龙杰赤成为名副其实的死城。

占领撒马尔罕后，成吉思汗先驻扎在撒马尔罕郊外，后移驻西南面的草原。1220年秋天，马匹得到休养，士兵得到休整后，成吉思汗便发动了新一轮的攻势。

成吉思汗大军首先来到忒耳迷（今乌兹别克斯坦铁尔梅兹），要求居民拆毁城池、壁垒向蒙古军投降。居民不仅拒绝投降，而且出城交锋。双方不分昼夜苦战，第11天蒙古军队才攻下该城，居民悉数被杀。

蒙古士兵屠杀完毕，一个幸存的妇人对他们说："饶我一命吧！我把一颗大珍珠送给你们。"蒙古士兵索取珍珠时，她说："我把它吞到肚子了啦！"蒙古士兵便剖开她的肚子，找到了好几颗珍珠。由于想得到更多的珍珠，成吉思汗命令将所有死者的肚子剖开。

成吉思汗大军的到来，使整个呼罗珊的巴里黑、马鲁、也里、你沙不儿地区遭受了灭顶之灾。成吉思汗大军于1221年1月1日来到巴里黑后，城中首领前来投降并献上礼物。由于札兰丁始终活跃在呼罗珊地区，成吉思汗不相信巴里黑人是真心实意的投降，借口清点人数将他们全部赶到城外杀死，把城池销毁。1221年1月24日攻下巴里黑后，成吉思汗派拖雷率领一支军队去征服呼罗珊其他地区。他本人则转向塔里寒，即今天阿富汗的塔利罕。塔里寒军民凭借坚固的城堡顽强抵抗，蒙古军队奋力攻打半年也没有攻克，双方激战数次，都有重大的伤亡。拖雷奉命来与成吉思汗会合后，才攻下了塔里寒，蒙古军没有留下一个活口，堡垒、城墙、宫殿、房屋全部拆毁。

1221年2月5日，拖雷率领7万多人抵达马鲁。马鲁在今天土库曼斯坦的马勒城东，经济文化很发达，是世界名著《一千零一夜》的诞生地。拖雷用了六天时间观察城池，第七天开始猛烈攻城。第八天，马鲁城的守将抹智儿木勒克便放弃了抵抗，向蒙古军投降。拖雷命令他提供一份200多富人的名单，对他们进行了审讯，挖出了他们埋藏的钱财。蒙古军接着入城，将市民赶到城外，这一活动持续了四天四夜。蒙古军挑选出400名工匠和一些童男童女为奴，剩下的居民分配给士兵进行屠杀，每名士兵要杀死300或400人。马鲁的城池被夷为平地。拖雷撤走后，藏身脱险的5000多人，又遭到蒙古后续部队的杀戮。这年的11月7日，一些劫后余生的人聚集反抗，再一次遭到蒙古骑兵的镇压。前后遇难的马鲁人达到70多万人，有人认为遇难人数高达130多万人。

1221年4月，拖雷进围你沙不儿。此前，脱忽察儿在攻打此城时被箭射死，他是成吉思汗女儿秃满伦的丈夫。拖雷决意要毁掉你沙不儿，为脱忽察儿报仇。拖雷不允许城内居民投降，架起火炮和投石机攻城，从4月7日拂晓，一直攻打到4月10日的晚上。蒙古军挑选出400名工匠后，便开始对你沙不儿进行大屠杀，连续进行了15天。为了防止有人躲在尸体中逃生，蒙古军还把遇害者的头颅全部割掉。拖雷撤退时仍不放心，留下400名大食人，命令他们把发现的活人杀光。

| 邱处机与成吉思汗 |

随后，拖雷如疾风一样扫荡了徒思和奈撒。拖雷在返回塔里寒的途中，攻取了也里（今阿富汗赫拉特）。军民抵抗了八天，长官战死之后便开城投降。拖雷没有进行屠城，但还是把 1.2 万名官兵处死了。

1221 年，札兰丁回到了他当初的封地哥疾宁（今阿富汗加兹尼）一带，聚集起十几万人的军队。札兰丁率军屯驻在八鲁弯（今阿富汗查里卡东北），屡屡攻击蒙古兵，并取得了几次胜利。成吉思汗得知札兰丁这一情况时，正在攻打塔里寒，便派出大断事官失吉忽秃忽率领三四万士兵前来攻打札兰丁。

失吉忽秃忽不知道札兰丁集中了十几万人，又不熟悉地形，自以为猛冲一阵就可以打败札兰丁。他冲入敌阵后，便陷于重重包围之中，只好突围后撤，兵士损伤大半而回。但札兰丁手下的将领却因为争夺战利品发生了内讧，札兰丁身边只剩下数量不多的部队，便退到了哥疾宁。成吉思汗和拖雷攻下了塔里寒，便向哥疾宁进发。

蒙古军途经兴都库什山围攻范延堡时，城内百姓一箭射死了察合台的儿子。蒙古军因此加速攻城并最终将其攻克，成吉思汗下令将人和牲口全部杀死，放言今后不许动物居住在这个地方。

察合台和窝阔台夺取玉龙杰赤后，便赶来与成吉思

蒙古大军越过印度河追击札兰丁

104

汗会合。蒙古大军进入哥疾宁时，因为途中滞留过久，失去了截击札兰丁的时机。札兰丁已经在15天前退到印度河沿岸去了。成吉思汗率军急速前进，终于在河边追上了札兰丁。

1221年11月24日，双方在河边展开了一场激战，札兰丁的人马死伤逃亡过半。成吉思汗下令要活捉札兰丁，札兰丁纵马从很高的悬崖跳入河中，泅渡到对岸，追随他到达对岸的士兵只剩下4000余人。成吉思汗来到河边，指着逃走的札兰丁说："要生就要生这样的儿子。"札兰丁剩下的部队，不是溺死在河里，就是死在了蒙古军的刀下。

1222年春，成吉思汗派八剌等人率2万蒙古士兵，进入印度追寻札兰丁，无功而返。札兰丁因为印度的德里苏丹不愿收留他，便逃往波斯去了。成吉思汗返回大雪山避暑，也正是在这里，他见到了奔波万里赶来的邱处机。

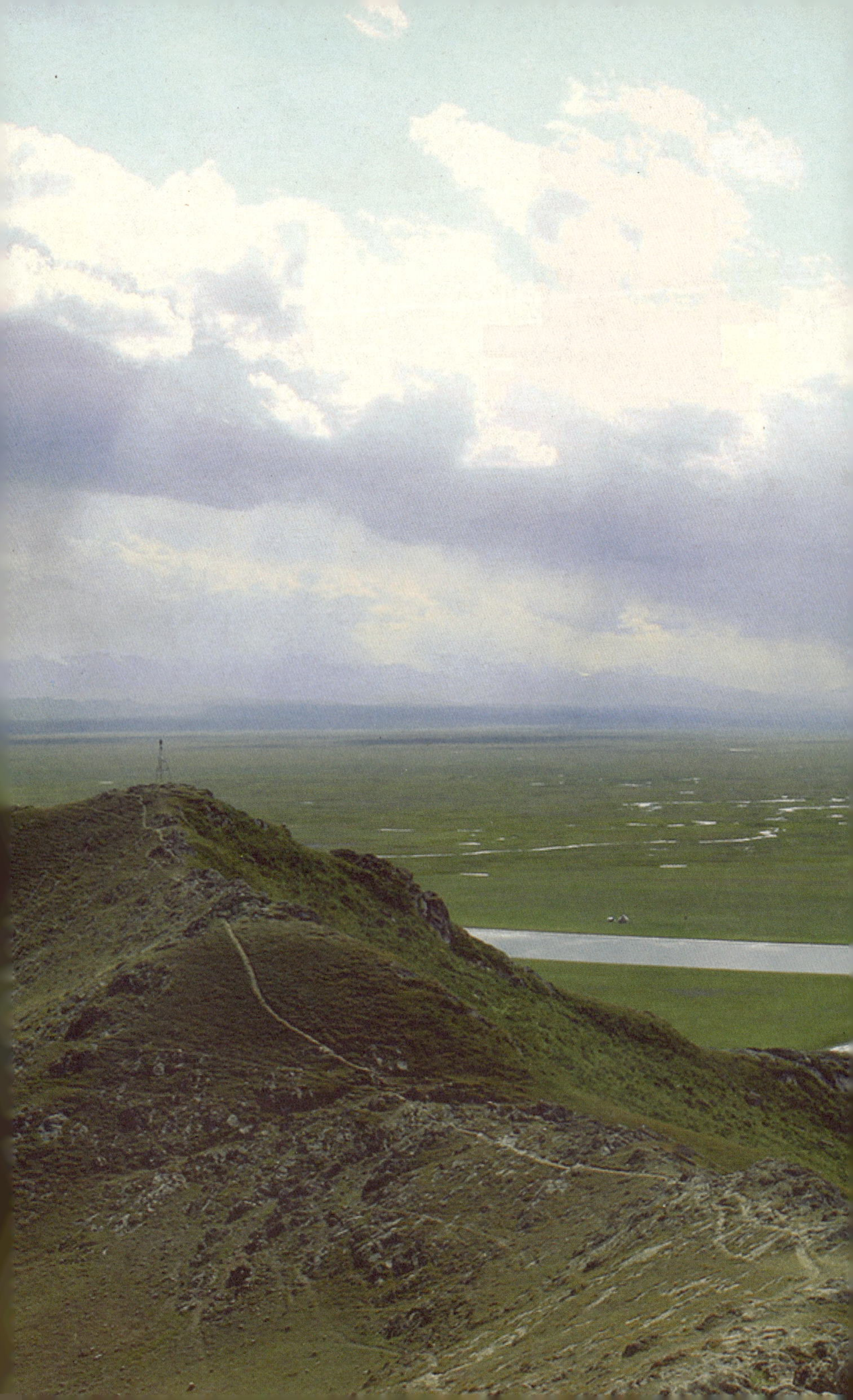

第四章

邱处机万里西行

在金末中国北方动荡的局势中,全真教发展迅速,成为北方民众信仰的支柱,同时也成为能够对北方局势施加影响的一股政治势力。作为全真教的掌门真人,邱处机接到过金朝和南宋皇帝的邀请,但他都婉言谢绝了,既没有去金朝迁都后的首都汴京,也没有去南宋的都城临安,二是留在了金、宋、蒙势力胶着混战的山东。可是,令所有人感到意外的是,在接到成吉思汗的邀请后,邱处机却立即动身前往异域。

一 徘徊出关

| 邱 | 处 | 机 | 与 | 成 | 吉 | 思 | 汗 |

1220年2月23日，农历的正月十八日，邱处机带领十八名弟子，由山东掖县（今莱州市，下同）的昊天观出发，开始了远赴中亚的行程。这时不仅是刚刚过完春节，而且第二天，农历的正月十九日，就是邱处机73岁的生日。在这样的日子里启程，开始一段不知去往何处也不知道能否归来的旅程，邱处机等人的心境可想而知。

此时，山东一带形势非常混乱。1211年，山东爆发杨安儿领导的反金农民起义。因起义者穿红袄作为标记，故称"红袄军"。

1213年，山东又出现了李全领导的队伍。李全自幼喜欢习武，善使大铁枪，人称"李铁枪"。1213年蒙古军进攻山东，李全之母、长兄皆为乱兵所杀，李全为复仇，与兄弟李福聚众起兵，响应杨安儿，攻打临朐，进取益都，势力迅速发展，与杨安儿、刘二祖两支队伍势力相当，成为金末山东红袄军的三支主力。

1214年，金朝迁都南京，蒙古军再度南下，在山东、河北等地大肆掳掠。杨安儿起义军日益壮大，以青、潍、密、莒诸州为中心，活动地区扩展到整个胶东半岛，杨安儿称王，置官属，改年号天顺。

蒙古军北撤后，金朝派宣招使仆散安贞率重兵镇压山东、河北红袄军。完颜霆、黄掴阿鲁答率金朝精锐部队"花帽军"来攻，杨安儿战败，在退入海上时坠水而死，余部由杨安儿之妹杨妙真（人称四娘子）统领。刘二祖、李全也先后被金军打败。李全、杨妙真在磨旗山（今山东莒县东南）结为夫妇，不久，彭义斌率领的刘二祖余部也来归附，李全成为三支义军的首领。

在金军的逼迫下，李全率部于1218年投降南宋，南宋朝授给李全武翼大夫及京东副总管的称号，此后，李全与金军在山东一带展开拉锯战。先是李全袭破莒州（今山东莒县），擒金守将蒲察李家，又派部将攻克密州（今山东诸城）。其兄李福也攻克了青州。但很快，金招抚副使黄掴阿鲁答夺回密州，李全战败。接着，李全出兵围攻海城，反攻密州，擒黄掴阿鲁答、夹谷寺家奴，进而攻克寿光、邹平、临朐等县。1219年，在李全的劝说下，割据益都府的张林将所辖山东青、莒、密、登、莱、潍、淄、滨、棣、宁海、济南等二府九州降宋，但张林暗中又归顺了蒙古。

刘仲禄来请邱处机时，控制益都的张林，名义上隶属南宋，但实际上已经归顺了蒙古，因此带着成吉思汗御赐虎头金牌的刘仲禄才能在张林的势力范围内畅行无阻，自由出入山东潍县一带，先去见邱处机的得意弟子尹志平，并通过尹志平、李志常劝说邱处机成行。但这里却不是蒙古军的实际控制区，红袄军在这一带的势力也非常活跃。

在邱处机出发前，他的弟子李志常前往张林处游说，希望张林不要干预邱处机北上，毕竟在此之前，邱处机曾不止一次地拒绝了南宋、金两朝皇帝的征召。特别是在前一年，邱处机还拒绝了李全代表南宋方面发出的邀请，这非常出乎大家的意料。因为在邱处机拒绝金朝的征聘之后，大家都认为邱处机有意归宋，毕竟南宋是汉人建立的政权，不像金朝的统治者是女真人，而且南宋又一直尊崇道教，不像金朝曾禁止全真教的发展，再者，当时金朝受到蒙古人的进攻，到处烽烟，摇摇欲坠。可是，李全到掖县来请邱处机时，邱处机却一口回绝，令当地官员和道教信众感到极其意外，大家都在暗中猜测邱处机的意图。邱处机也知道这一点，所以有一次他公开说："我的行止是上天决定的，不是你们所能了解的，你们也不必胡乱猜测，终究会有你们留不住我、我不得不离开的那一天。"

邱处机决定北上，显然是这一天终于到来了，但张林和李全的关系人所共知，当地毕竟还是在张林的势力范围之内，所以，李志常担心张林会因此而阻挠邱处机的出行。

李志常对张林说："长春真人，那是天人啊，现在金、宋、蒙古三国的使者都来征聘，可是他却毅然决定北上蒙古，他之所以舍近道而即远途，是为了止杀戮、救苍生啊，您如果能不加以阻拦，那么不仅一方的百姓都能从中受益，而且这也是天下生灵的福分啊。"其实，李志常的担心完全是多余的，他还不知道张林暗中已经投靠了蒙古，对刘仲禄的行踪非常清楚，更不可能阻止邱处机去见成吉思汗。

听了李志常的话后，张林很慷慨地送了一个顺水人情，答应不阻拦邱处机北行，还特意发下令牌，要求他所辖各地的官员，在邱处机经过时要热情接待并派兵护送。

唯一的一点顾虑也消除了，在15名蒙古骑士的护送下，邱处机一行经今山东潍县、益都、邹平，来到济阳，入住养素庵。

当地的道士们讲："就在上个月，正月十八，从西北飞来十几只仙鹤，在云中飞鸣，后来全部向东飞去。第二天上午，又有几只仙鹤从西南飞来，接着，飞来了成百上千只仙鹤，在这里飞翔、鸣叫，还有一只仙鹤飞得很低，贴着屋顶飞绕了一会儿才飞走。今天听您说起您出发的日子，我们才知道，我们见到群鹤飞来的那一天，就是真人启程的日子啊。"

在益都，邱处机并没有见到原说在这里等候他的刘仲禄。原因是正月初七，不知从哪里来了400多名蒙古骑兵进驻山东临淄，青州一带的百姓以为蒙古将对这一地区发起大规模进攻，一想到几年前蒙古军在这里烧杀抢掠的残酷,当地百姓不寒而栗,纷纷出逃,当地形势一时间变得极其混乱,这无疑影响了张林控制区的局势,也是刘仲禄不愿意看到的,因此刘仲禄匆忙前往临淄,去劝阻这部分蒙古部队。面对这样的混乱局面,邱处机只能在济阳住了下来,等候刘仲禄的消息。

又过了几天,刘仲禄才派人骑快马通知邱处机,说他已经在将陵派驻了部队,等待邱处机乘船过河。实际上,为了邱处机能够顺利北上,刘仲禄还是做了不少的工作,他回到燕京借兵南下,先后攻取了河北深州(今河北深州市)、武邑,将邱处机的必经之路控制在蒙古军队的手中,以保证沿途安全,又在滹沱河上架起简易的桥梁,这才邀请邱处机北上。

3月19日,刘仲禄亲自带着部队来迎接,邱处机问:"您怎么到现在才来?"刘仲禄回答:"路上不太平,我专门去燕京调遣部队,拿下深州和武邑,开通了道路,又在滹沱河上架起了桥梁,在将陵集结了所需船只,因为操办这些事,所以来迟了。"邱处机点点头说:"也只有你才能办妥这些事。"第二天,邱处机在刘仲禄的陪同下渡过了滹沱河。

3月28日,邱处机一行抵达卢沟桥,燕京城的官员士绅与道教信众纷纷出城迎接。邱处机由西门进入燕京,下榻在玉虚观。30多年前邱处机觐见金世宗时,也曾住在玉虚观,当时正是金朝的鼎盛时期,燕京作为金朝的首都,处处呈现出繁荣景象,而此次到来,金朝早已迁都,这里成为蒙古人的控制区,还没有完全从战争的创伤中恢复,处处都呈现出残破景象。虽然玉虚观仍旧清静,但物是人非,当年邱处机接触过的人都已不在了,当年一起进京的师兄弟也都早已作古,这令邱处机感慨万千。

燕京的道教信众却具有与邱处机不同的心态，金朝的遗老遗少们，在战争中幸存下来的人们，已经把邱处机视如救星。一方面，他们希望得到这位传说中的活神仙、真人的护佑，使他们可以避免战争之苦；另一方面，他们知道邱处机是要去觐见成吉思汗的，对此，他们无疑寄予了更深切的期望。当然，迫于当时的政治形势，有些话不能宣之于口，但某些做法却将他们内心的真实想法表露无遗。

一天，有一位客人来到玉虚观，带来一副《太上过关图》，请邱处机在画上作题跋。

"太上"，指道教尊奉的太上老君，就是先秦时代的老子。司马迁《史记》曾为老子立传，称他最后西出函谷关隐居，此后就没有人知道他的下落了。在出关之前，守关的将军尹喜要求老子在隐居之前给世人留下著作，老子因此而写了《道德经》。古代道士们中间还流传一部伪书——《老子化胡经》，称老子西出函谷关之后，一路西行去印度，沿途点化了许多胡人，最后在印度点化了释迦牟尼，这就是所谓的"老子化胡"，胡在古代是对汉族以外各民族的一种通称。因为这部经引发佛道之间的激烈冲突，后来被查禁，逐渐失传。近代在敦煌的藏经洞中发现了一部《老子化胡经》的残卷，才使学者们可以大体了解到这部书的内容。《老子化胡经》虽然失传了，但在历史上，老子化胡的故事却一直在民间流传。

《太上过关图》，画的就是老子出函谷关西去时的情景。就在邱处机即将西行去觐见成吉思汗的时候，来客送上这样一幅图请邱处机题跋，其用意是不言自明的。来客是用老子化胡的典故暗示邱处机，作为道士，他应该以道教尊奉的太上老君为榜样，去完成西行"化胡"的重任。

这种暗示，邱处机怎会不明了呢，这本来就是他西行的心愿啊。

邱处机欣然命笔，在画上题了四句诗："蜀郡西游日，函关东别时。群胡皆稽首，大道复开基。"

第三句明确引用"化胡"的典故，第四句表示出"弘道"的心愿，这首诗将邱处机西行的目的表露无遗，他是要西行"化胡弘道"。

实际上，邱处机最开始对于西行一事也是不无犹豫的。在燕京期间，他们得到消息，成吉思汗初战告捷，杀入花剌子模境内，虽然他们不知道花剌子模的具体位置，但在当时中原人看来，那几乎就是遥远的天边了。已经73岁高龄的邱处机也曾向刘仲禄表示，他希望留在燕京，等待成吉思汗西征归来。但刘仲禄却不敢擅自做出决定，商量的结果是，邱处机自己给成吉思汗上一道表文，请求留下来，等候成吉思汗的批复再定行止。

我们在保存至今的表文中发现，邱处机主要表达了两层意思，首先是表示了对成吉思汗的敬重，其次是感慨自己年迈，如此长距离的旅行恐怕是难以抵达的，希望可以在燕京一带等候成吉思汗西征归来。表中特别说明，刘仲禄不同意自己的想法，这才上表请示成吉思汗。

表文要送到西征大军中，再从那里领回成吉思汗的批复，这需要相当长的时间，在此期间，邱处机就与刘仲禄一起在德兴（今河北涿鹿）住了下来，一边避暑，一边等候成吉思汗的批复。

在此期间，邱处机对刘仲禄的所作所为产生了一定影响。刘仲禄本来是要在燕京为成吉思汗选秀女，并计划将选出的秀女一同带往西征大军献给成吉思汗。邱处机对他说："从前，齐国人送歌妓给鲁定公，使鲁定公沉迷于女色，不理朝政，因此孔子愤然辞官。我虽然是一介山野村夫，但我也不能与秀女一起前往中亚去见皇上。"刘仲禄因此取消了此事。

邱处机移居德兴的龙阳观时，道友孙楚卿、师才卿、杨仲文、刘用之等一批人随行，陪同邱处机在德兴避暑。龙阳观附近的山上有许多岩洞，常有修道之人在这里修炼。邱处机与大家常常一起出游，观赏美景，赋诗联句，日子过得闲适而愉快。邱处机有诗称"溪边浴罢林间坐，散发披襟畅道情"，就是这种生活的真实写照。

这年的9月初，应宣德州左副元帅之请，邱处机移居宣德州（今河北宣化）的朝元观，继续着安闲的生活，邱处机在朝元观所做的诗歌中有这样两句："天下是非俱不到，安闲一片道人心。"

一直到11月，朝元观中都在绘制祖师堂的壁画，因为天气逐渐转冷，画师们担心颜料结冰，准备停止作画。邱处机对他们说："从前邹衍尚可以吹笛回春，何况你们现在还有圣贤在暗中相助呢。"结果这个月天气意外转暖，使壁画能够顺利地完工。邱处机为此还曾作有一首七律：

> 季秋边朔苦寒同，走石吹沙振大风。
> 旅雁翅垂南去急，行人心倦北征穷。
> 我来十月霜犹薄，人讶千山水尚通。
> 不是小春和气暖，天教成就画堂功。

但就在这个月，邱处机的闲适生活结束了，成吉思汗的旨意到来，邀请邱处机赴中亚相见。令人哭笑不得的是，成吉思汗给邱处机的诏书中说："达摩东迈，元印法以传心；老氏西行，或化胡而成道。"上句引用的是达摩从印度来中国传播佛法的典故，下句竟然引用了老子化胡的典故！

当然，这道圣旨不可能是出自成吉思汗的亲笔，这出自成吉思汗宠信的契丹名臣耶律楚材之手。由这个典故中，我们也可以看出耶律楚材的一种微妙心态：他自己虽然是契丹人，也属于中原汉人心目中的"胡"，但由于对汉文化的熟悉与效法，他并不认为自己是胡人，而是将当时他服务的蒙古统治者，包括成吉思汗在内的未接受汉文化熏陶的蒙古人视为"胡"。耶律楚材竟然希望邱处机能够像老子化胡那样，来教化包括成吉思汗在内的蒙古人，使他们接受汉文化的影响。在成吉思汗身边的契丹族、女真族、回鹘族官员，他们殷切地期盼着邱处机的到来，恐怕与耶律楚材具有同样的心态。这一年，耶律楚材31岁，正处于意气风发、无所顾忌的年岁。

接到成吉思汗的诏书后，邱处机知道西行已经是不可避免的了，他跟刘仲禄商量，由于路途遥远，天气寒冷，他的弟子们还没有足够的御寒衣服，因此希望先回到龙阳观过冬，等来年开春再出发。刘仲禄表示同意，11月14日，邱处机一行返回龙阳观过冬。

在龙阳观过冬期间，邱处机曾有诗寄给燕京的道友：

十年兵火万民愁，千万中无一二留。
去岁幸逢慈诏下，今春须合冒寒游。
不辞岭北三千里，仍念山东二百州。
穷急漏诛残喘在，早教身命得消忧。

邱处机忧国忧民的心态跃然纸上，他明确表示，即将在春寒料峭中出发西行去觐见成吉思汗，而他此行的目的是"仍念山东二百州"。虽然在此前的一首诗中，邱处机提道："自叹非元圣，何如历大荒？"自嘲他不是老子，无力完成化胡的伟业，但现在他表明，为了山东二百州的百姓，他不辞远行、不惜一试，希望能够让成吉思汗停止杀戮。可能是伴随着成吉思汗圣旨的东来，邱处机等人也了解到了蒙古部队在中亚各地的屠城行为，这也许是促使邱处机坚定西行决心的另一个因素。

1221年3月3日，邱处机再次出发，目标是遥远的西域。

道友们拦马痛哭，每个人的心中都是同样的想法，他们可能再也见不到邱处机了，已经74岁高龄的邱处机远赴绝域，能否生还实在是比较渺茫的事情。他们忍不住问："大宗师远去万里之外，不知何时才能再见？"邱处机说："只要你们有坚定的道心，相见也是不难的。"大家流着泪再三追问他什么时候回来，有的人甚至说："师父您不可能不知道，请预先告诉弟子们吧。"邱处机停了一下，才喃喃地说道："三年回来，三年回来。"

这一次出发，邱处机不再停留。3月5日，宿河北万全县翠屏山的得胜口。3月6日已来到野狐岭。

野狐岭地势险要，历来是兵家必争之地。就在10年前，金朝集结了30万大军在此阻挡蒙古军的南下，双方展开激战，结果是金军惨败，死伤蔽野。邱处机一行路过野狐岭的时候，还能见到遍地的枯骨，在飒飒寒风中似乎可以听到呦呦鬼哭。邱处机弟子宋德方等人望着累累白骨，发下誓愿："等我们回去后，一定要做法事超度这些亡魂，这也算是我们北行途中的一段因缘吧。"随邱处机西行返回后，宋德方等人果然在德兴的龙阳观举行了一场斋醮，超度野狐岭的孤魂。

经过抚州（今河北张北），邱处机一行于3月10日过盖里泊（今伊克勒湖），一路向东北前进。又走了十几天，他们越过金界壕，进入蒙古草原腹地。

金朝为了防备草原民族，曾在蒙古草原的边缘地带修筑了绵延数万里的防御工事，也称金长城。金界壕由外壕、主墙、内壕、副墙组成，主墙墙高5～6米，界壕宽30～60米，主墙每60～80米筑有马面，每5～10公里筑一边堡。现在有些地方的残墙尚高达1.5～2.5米，壕墙和与之相

金长城遗址

辅的边堡旧址清晰可见。邱处机一行穿越的金界壕应是金章宗明昌年间修建的，因此在当时被称为"明昌界"。

过了金界壕之后，邱处机一行就经常在沙漠中穿行了。虽然途中也经常可以看到一些小小的湖泊，但是，这些内陆湖基本都是咸水湖，不能饮用，当地的居民都是挖沙井取水。荒沙漠漠，白沙衰草间偶尔有一两株低矮的榆柳或者是胡杨，极目远眺，一望无际，地势平坦，数千里间没有大山。邱处机作诗纪实，称"到处盐场死水湾"、"地无木植惟荒草，天产丘陵没大山"。邱处机的诗中也提到"五谷不成资乳酪，皮裘毡帐亦开颜"。显然，他们已经进入草原纯粹的游牧地区了。

二 从草原到绿洲

|邱|处|机|与|成|吉|思|汗|

1221年3月26日,邱处机一行终于走出了沙漠,来到了闻名遐迩的鱼儿泊。

鱼儿泊,即今内蒙古克什克腾旗西的达里诺尔湖,是蒙古草原东南部最大的湖泊。鱼儿泊特产滑子鱼,从清明到端午节前后,鱼群始终沿着牧草返青的河道溯流蜂拥而上,有时竟造成水流不畅。当地人说,手脚轻盈的人可以踩鱼背过河而不致落入水中。邱处机一行在鱼儿泊附近住到清明前后,但是,可能是这一年的气温相对较低,过了清明,湖面的冰尚未完全开化,自然他们也就没有见到群鱼填塞河道的壮观景象了。但在邱处机弟子李志常所写的行纪也提到,这一带的居民大多从事农耕或者是渔业,可见当时的鱼产量也非常高。

鱼儿泊,也是辽金两代皇帝消夏避暑的地方,金灭辽时,还曾在此地追击过辽朝的末代君主天祚帝。成吉思汗也曾在这里驻兵,但当邱处机途经这里时,成吉思汗已经将鱼儿泊赐给了与其家族世代联姻的弘吉剌部。本来这里建有供成吉思汗避暑的离宫,但他将这处离宫赐给了下嫁弘吉剌部的公主,因此也被称为公主离宫。不过,似乎邱处机等人并未见到这处离宫。

邱处机在此地的诗作中提到了两位古人:"苏武北迁愁欲死,李陵南望去无凭。"苏武和李陵都是西汉人。苏武奉命出使匈奴被扣留长达19年,始终不肯投降,被匈奴鞮侯单于流放到北海放羊。李陵出征匈奴,战败被俘,后来投降匈奴,被鞮侯单于封为王。

不知道什么原因,邱处机一行没有取道漠南草原,而是取道漠北草原，因此，他们由达里诺尔湖不是向西，而是仍向北行，于4月24日进入斡辰大王的驻牧地。凑巧的是，邱处机赶上了当地贵族的一场盛大婚礼。

斡辰大王见到邱处机非常高兴，他听说成吉思汗延请邱处机是为了请教长生之道后，就向邱处机请教长生的方法。邱处机回答说，需要虔诚斋戒，而后他才可以讲。斡辰也答应下来，约定5月8日，邱处机为斡辰大王讲道。可是到了约定的日子，忽然天降大雪，原定的讲道不得不取消。斡辰大王悔道："皇上遣使不远万里请师父前去传道，皇上还没有听到大师的讲道，我怎么可以先听呢？"他嘱咐陪同邱处机的阿里鲜，让他从西域返回时还要路过这里，到时候再约定邱处机传道，然后送出牛马数百、车10辆，送邱处机继续前行。可是，邱处机返回时并未取道漠北草原，自然也再未见到这位斡辰大王。

5月15日，邱处机抵达阔连海子（即今内蒙古自治区呼伦贝尔市呼伦湖，面积2339平方公里，是内蒙古第一大湖、中国第五大内陆湖，与贝尔湖为姊妹湖）。面对那浩瀚的烟波，真使人有置身海边的感觉。湖中鱼类资源十分丰富，风吹浪涌的时候，竟然会有鱼被抛到岸边，陪同邱处机的蒙古人都拾到了几尾鱼。

邱处机一行沿着阔连海子南岸西行，再沿着克鲁伦河河谷一路向西。5月23日，邱处机等人还看到了日食。

翻越库伦（今蒙古国首都乌兰巴托）以南的高山，越过今蒙古国境内的杭爱山，邱处机一行于7月19日来到窝里朵以东。

窝里朵，又称斡鲁朵、斡里朵、兀鲁朵、窝里陀等，意为宫帐或宫殿，是突厥、契丹、蒙古等游牧民族的皇家住所和后宫单位，广义的窝里朵也指宫室建筑或家眷。最早见于唐代古突厥文的碑铭。成吉

| 邱 | 处 | 机 | 与 | 成 | 吉 | 思 | 汗 |

思汗将其众多的妻妾分成四个窝里朵：大窝里朵、第二窝里朵、第三窝里朵、第四窝里朵，分别由他的皇后孛儿帖、忽兰、也遂和也速干管理。邱处机路过的是孛儿帖的窝里朵。

刘仲禄先去禀报，孛儿帖知道后请邱处机过河相见。在这里，邱处机见到由成百上千座帐房组成的帐篷营，非常壮观，除了皇后孛儿帖之外，邱处机还见到西夏公主和金朝公主。西夏的察哈公主是在成吉思汗包围西夏首都中兴府时，夏国主李安全为了求和而献给成吉思汗的；金国的岐国国公主则是1214年蒙古围攻金中都时，金宣宗献给成吉思汗的。两位公主都是远离家乡，生活在蒙古人中间，现在听到邱处机是从汉地前来的，如同见到了亲人一般，都非常高兴，并送给邱处机大量财物。

当地米面价格高得吓人，10两白银才能买到1斗黄米，6两多白银才能买到1斤面。因为当地不产米面，而是要靠西域的商人用骆驼远道运来。

7月29日，邱处机离开窝里朵继续西行，所经过的漠北草原的中部地区，已经完全是蒙古人居住的地方，在李志常所写游记中，记载

阔连海子

了一些蒙古族的风俗习惯，特别提到了蒙古族妇女特有的帽子，名曰"故故"，即姑姑冠。

途经雪山时，邱处机赋诗，其中两句是："北至大河三月数，西临积雪半年程。"自这一年的3月出发，已经快过去半年了，距离目的地却还是遥遥无期，这不能不令邱处机感慨万千。

戴姑姑冠的蒙古妇女

穿越杭爱山一路向西的邱处机一行，于1221年8月14日抵达镇海城。

镇海城，位于阿尔泰山东南，是以田镇海的名字命名的。田镇海是蒙古王国早期的重要人物，是曾与成吉思汗"同饮班朱尼河水"的大功臣之一。但关于其身世，史书却语焉不详，以致当代学者做出种种猜测，有人说他是维吾尔人，是信仰伊斯兰教的穆斯林，也有人说他是蒙古克烈部人，信奉景教，他本名叫"沙吾提"，田镇海是他的汉语名字。

田镇海早年跟随成吉思汗征战四方，在征伐乃蛮、钦察、塔塔儿、西夏、金国的战争中，都曾立下赫赫战功，又被成吉思汗派往本处屯田驻守。田镇海率领部下披荆斩棘、拓土开荒，硬是在塞外草原上开发出了一处农业区，并建立起一座城池，用他的名字命名为镇海城。大批汉人移民被送到此地，不仅成为发展农业的主力军，也成为发展手工业的中坚力量。金朝首都被蒙古军攻陷后，金章宗的两个妃子和卫绍王之妻落入蒙古军手中，她们都被遣送到镇海城。邱处机在这里见到了她们。

金章宗的两个妃子，一个姓徒单氏，一个姓夹谷氏，她们听说邱处机到来，都哭着出来迎接，感叹道："早就听到过您的大名，可是从前您到中都朝见世宗皇帝时，我们都无缘见面，却想不到在这里有缘相见。"

在成吉思汗西征以后，镇海城成为重要的物资供应地和交通枢纽，更刺激了当地经济的发展，这座塞外边城呈现出繁华景象。当年粮食丰收，农民们都在忙于收割。邱处机与田镇海、刘仲禄商量，他想留下来过冬，在这里等待成吉思汗西征返回。

邱处机等全真道士是素食的，日常食物以米面、蔬菜为主。途经漠北草原时，生活上一定经历了诸多不便。不仅米面为难得之物，价格极高，蔬菜同样少见。所以一见到镇海城有很多的汉人移民，生活方式与汉地非常相似，就希望能在这里住下来。

刘仲禄说："父师既有法旨，我不敢置可否，此事还是请镇海相公定夺。"田镇海说："近日皇上刚刚有诏书下达，要求各地的官员，如果真人您经过，都不许延误了您的行程，可见皇上是想尽快地见到您。如果您在我这里住下来过冬，这就是我的罪过了。我愿意亲自送您去见皇上，您所需的一切，一定尽力满足。"邱处机见田镇海如此恭敬，只好说："既然如此，那就择日出发吧。"

邱处机虽然决定继续前行，但还是对随行人员进行了调整，将弟子宋道安等九人留在了镇海城，等待自己回来，只带另外九名弟子前行。宋道安等人在当地修建了一座道观，名为栖霞观。

8月26日，邱处机率弟子九人，车两辆，在蒙古骑兵20余人的护送下，从镇海城出发西进。田镇海、刘仲禄率百余骑从行。当时虽然还不到9月，但却已经降霜了，面对着肃杀秋霜和无尽旅程，邱处机感慨万千，赋诗道：

> 某也东西南北人，从来失道走风尘。
> 不堪白发垂垂老，又踏黄沙远远巡。
> 未死且令观世界，残生无分乐天真。
> 四山五岳多游遍，八表飞腾后入神。

田镇海的一个随从对邱处机说："从前就在那座大山下，有妖精截取我脑后的头发，我吓得要死。"田镇海也说："当年乃蛮国王在这里也受到山精的迷惑。"邱处机默然不语。

向西南走了几天之后，邱处机一行翻越了阿尔泰山山脉。"阿尔泰"在蒙古语中意思是"金"，因此，阿尔泰山也称"金山"。邱处机一行翻越阿尔泰山山脉时，正值农历的八月十五日中秋节，邱处机在山中赏月，吟诗三首，称"欲吟胜概无才思，空对金山皓月明"。

历史上，阿尔泰山山脉以北一直是草原游牧世界的组成部分，阿尔泰山脉以南，穿过戈壁沙漠，就进入绿洲农业地区了。邱处机一行就是按此路线行进的，翻过阿尔泰山之后，在南面山脚下河边驻营休息，之后渡河南行，路过两座红土山，在一处小沙井附近宿营，因为再往前走很难找到水，所以要在这里歇宿并补充饮水。

田镇海告诉邱处机，前边的一段旅程是最难通过的白骨甸。方圆200余里之内都是黑石子，过了戈壁就是大沙漠的北边，虽然有一些水草，但是向前还要再穿过另一个长达百余里的大沙漠，寸草不生，滴水皆无，一直要到回纥城才能见到水草。

邱处机问："什么是白骨甸？"田镇海说："那是一处古战场，疲惫的部队进入这个地方，十人中难得有一人生还，是名副其实的死地。从前乃蛮部的部队也是在这里打了大败仗。若是在白天进入，沙漠高温会导致人困马乏，因无法补充水而死在里面。我们只能黄昏时出发，一夜的时间可以走过去一半的路，第二天上午再赶一赶路，就可以赶到有水草的地方了。到时候我们休息一下，还是下午日落前出发，赶一夜路，第二天上午就可以到达回纥城了。唯一的问题是，夜里赶路，天黑会有鬼怪出没，这个我们也有准备，到时候会用血涂在马头上，这样就可以辟邪了。"邱处机笑道："邪精妖鬼，遇到正人君子就要远远回避了。我们修道的人，哪里用担心这个。"

一行人就按照田镇海的方法夜里行进，沙漠行进甚至比田镇海形容得还要艰难，途中，牛都走不动了，就抛弃在道边。

在沙漠中，邱处机好像看到远处有如云霞灿烂的样子，问向导那是什么，大家都不知道。邱处机自己揣测可能是天山，等到走出沙漠后询问当地人，果然是天山。

公元1221年9月15日，邱处机一行抵达天山东麓的博格达峰。

从这里开始，邱处机一行已经进入回纥人的居住区了。

回纥人，也称回鹘人，是今天维吾尔族的祖先。唐代的回纥人曾经驻牧于蒙古色楞格河和鄂尔浑河流域，并在那里建立起强大的汗国。公元755年唐朝爆发安史之乱后，曾向回纥汗国借兵平叛。到公元840年，漠北的回纥汗国瓦解，回纥人纷纷南下西迁，广布于西域以及中亚各地。回纥人居住区西部的回纥人已经改信伊斯兰教，但东部的回纥人还是信仰佛教的。

回纥城的部族首领都出城来迎接邱处机一行，以各种水果、葡萄酒、圆葱还有当地特色的大饼招待邱处机等人，并献上一尺波斯布（类似哈达，表示对迎见之人的敬意与祝福）。当地人告诉邱处机，距此300里左右，就是非常有名的历史名城——和州了。

高昌古城遗址

见于《长春真人西游记》的"和州",又名火州、哈剌火州。这里是丝绸之路的枢纽,也是经济文化比较发达的地区。在汉代,这里属于车师前王地,隋唐时为高昌国。8世纪末,高昌为回鹘侵占,9世纪末形成高昌回鹘政权。公元1209年,亦都护归顺成吉思汗,高昌回鹘从此纳入蒙元政权的统治之下。

邱处机没有在此地停留,第二天就继续西行。此后邱处机一行的路线,基本是沿着今塔里木盆地的北部边缘西进。沿途他们经过两个小的绿洲城市,田间的麦子正是到了收获的季节。这里雨水很少,都是靠天山雪水融化后形成的季节性河流来灌溉。再往前走,他们就来到了别失八里城。

别失八里是元代的西北重镇,也写作别十八里、别石八里、鳖思马、别石把等,是突厥语名称的音译,意思是"五城"。其地在西汉时属于车师国,东汉时是车师后王庭,6世纪下半叶起为突厥占据。公元640年,唐朝于此置庭州金满县,后来作为北庭都护府的治所。760年,陷于吐蕃,不久回鹘、吐蕃、葛逻禄等先后在这里展开争夺。

| 邱处机与成吉思汗

至9世纪初,为回鹘人占据。840年漠北回鹘汗国灭亡后,这里成为高昌回鹘王的驻夏之地,并成为高昌回鹘的政治中心。亦都护归附成吉思汗后,这里也并入了蒙古的版图。

据当地人向邱处机介绍,唐朝北庭都护府辖下的边城,当时有许多尚完好地保存着,别失八里城的龙兴寺、西寺还保存着两块唐代的石刻,寺中存有完整的《大藏经》。

别失八里城的官员、僧道和民众都出城迎接邱处机一行人。邱处机等人注意到,这里的僧人都身穿褚色僧衣,就是"道士"的服饰也与中原地区存在明显的差异。

邱处机等人也许不知道,当地的佛教,此时已深受西藏影响,主要流行藏传佛教了。但邱处机等人注意到,当地汉人移民数量很大,在当地官员为邱处机举行的欢迎宴会上,上来表演节目的都是汉人。

现代学者认为,邱处机等人所说的"道士",恐怕是他们的误解。在这个地区,基本是没有道教徒的,更不会出现大量有地位的"道士"。也许,邱处机不是特指道教的宗教职业者,而是使用了"道士"

北庭古城遗址

这个词最初的含义，泛指修道之人，即当地的伊斯兰教或景教、天主教的神职人员。也许是因为邱处机不知道应该用什么称呼来称这些人，才用"道士"一词泛指他们都是修道之人。

邱处机更关心的当然不是这些，而是这里距成吉思汗的大营还有多远，他向当地人询问，得到的答复是："从这里向西南走，再走一万余里就到了。"可能回答邱处机问话的人也不知道成吉思汗现在扎营何处，所以才有这样一个不着边际的回答，其实，这里距成吉思汗的大营已经没有多远了。但是，邱处机并不知道这一点，他真以为目的地还在万里之外，所以在诗作中写道："万里途程远，三冬气候韶。全身都放下，一任断蓬飘。"

9月19日，邱处机自别失八里出发，两天后，夜宿轮台，受到景教长老的欢迎。此后，又经过两座城，在9月26日抵达昌八剌城，即今新疆昌吉。在这里，邱处机不仅品尝了当地的葡萄酒、西瓜，还吃到了哈密瓜，据他的形容，这里的哈密瓜有枕头大小，其特殊的香味给他留下了深刻的印象。

在这里，邱处机还了解到，"西去无僧道"，从昌八剌城再向西走，就进入伊斯兰教地区了，再也见不到僧人和道士了。

三 异域之旅

邱处机与成吉思汗

1221年9月27日，邱处机离开昌八剌城，沿天山山脉一路向西，穿越沙漠，途经今新疆伊宁市北偏西70公里的高山湖泊赛里木湖。邱处机看到赛里木湖方圆几乎有200里，在雪山的环绕之下，几乎就像是在天际一样，景色非常壮观，他对弟子们讲，这个湖可以称之为天池。邱处机于10月14日抵达阿力麻里城。

突厥语称苹果为阿里马，因此城的周围地区盛产苹果，故有"苹果城"之称，这里是从准噶尔盆地进入伊犁河谷的交通孔道。阿力麻里城后来成为蒙古四大汗国之一的察合台汗国的都城，遗址在今新疆霍城县境内。

阿力麻里城附近自然条件与刚刚经过的风吹狂沙的地区完全不同，是一个峰峦峭拔，松桦阴森的世界。松树、桦树高达百尺，不知有几千几万株，覆盖整个山麓。发源于高山的河流，在险峻的山谷湍急而下，奔腾汹涌，发出轰鸣的响声。

阿力麻里城也有很多的中原汉人移民，在这里修筑水渠，引水灌田，发展农业生产，他们还将中原地区常用的水车引进到这一地区。当地人称汉人为"桃花石"，并称赞说："桃花石发明的器物都非常精巧。"

但邱处机听到的"桃花石"究竟是源自何种语言，这个词最初的内涵是什么，又为什么转为汉人的代称，现代学者间却存在诸多不同的看法。早期法国学者德经认为，"桃花石"是指"大魏"，即拓跋鲜卑人建立的北魏，伯希和加以引申，认为是"拓跋"的谐音。德国学者夏德认为是指"唐家"，日本学者对此加以发挥，认为是"唐家子的谐音。还有中国学者认为指契丹人的大贺氏，或说指敦煌，或说指"大汉"，并认为是源自希腊语。

在阿力麻里，邱处机见到了棉花，棉花在当时中国的华北地区尚未得到普遍种植，因此邱处机对这种东西非常感兴趣，当地人还送给他们师徒一些棉花，让他们用来做棉衣。《长春真人西游记》里记载，这种东西"像中国的柳絮，鲜洁细软，可以成线、成绳，可以做布、做绵"。这些观察无疑都非常准确，但有一点邱处机师徒显然没有弄明白，他们称这种东西为种在地里的羊毛。不过他们记载了当地人称棉花为"秃鲁麻"。

从这里开始，邱处机一行所走的路线，也就是成吉思汗西征的行军路线了。四天以后，邱处机一行来到伊犁河畔。自进入伊犁河谷之后，邱处机师徒感到气候温暖如春，与中原地区相似，这使刚刚经历严寒风沙的他们觉得非常舒适。邱处机一行还经过了成吉思汗西征时所架设的48座大桥，邱处机由此感觉到，他的目的地已经不是很远了，兴奋中诗兴大发，在此地作了一首长诗，其中两句是："半山已上皆为雪，山前草木暖如春。"

又走了四天，邱处机一行抵达伊犁河边，并于10月18日渡过伊犁河。因为距离成吉思汗的营寨已经不远了，刘仲禄先行出发，前去向成吉思汗禀报邱处机到来的消息，田镇海陪同邱处机继续前行。

10月23日，在雪山下，邱处机遇到朝见成吉思汗后踏上归途的东夏国使臣。

东夏国，也称大真国、东真国。金宣宗南迁后，面对蒙古的入侵，金朝统治下的北方各地一片混乱。1215年，金朝将领蒲鲜万奴在东北地区割据独立，建立东夏政权。1216年投降蒙古。其势力最强时，疆域西北至今黑龙江省阿城白城子，西南至今辽宁省丹东市，东南到今朝鲜咸镜北道的吉州与今俄罗斯滨海边疆区的双城子。前期的政治中心在咸平府（今辽宁开原北），后移至南京（今吉林延吉城子山）。1233年，蒙古窝阔台汗派皇子贵由灭掉了东夏国。

邱处机很想知道，自己还要走多少天才能抵达成吉思汗的大营，他就问东夏国的使臣是什么时候从成吉思汗的大营出发的。使臣回答说："我是七月十二日启程的，我出发时皇上率兵出发去追击苏丹札兰丁，向印度方向前进，估计现在的驻地比我出发时还要遥远了。"当时已经是农历的十月初七日了，邱处机想到，东夏国的使臣从成吉思汗的大营走到这里，已经用了将近三个月的时间，也就是说，按最乐观的估计，自己到成吉思汗的驻地恐怕还得走三个月，而屈指算来，自己已经马不停蹄地赶了七个多月的路了，邱处机对此不胜感叹。

11月1日，邱处机等人来到前不久灭亡的西辽的都城虎思斡耳朵。辽朝灭亡后，耶律大石率部迁入中亚地区立国。此时，由西迁回鹘建立的喀喇汗王朝已经分裂为东、西两个政权，公元1134年，东喀喇汗国阿斯兰汗去世，继任者易卜拉欣无力控制汗国内的局势，便邀请耶律大石进入都城巴拉沙衮。耶律大石入城后，将此地定为西辽新都，改名为虎思斡耳朵。

西辽疆域分为王朝的直辖领地和附属国、部。直辖领地就是以巴拉沙衮为中心的锡尔河上游、伊塞克湖周围地区；其附属国有高昌回鹘王国、东喀喇汗汗国、西喀喇汗汗国、花剌子模国；附属部族主要有乃蛮部、康里部和葛逻禄部。西辽末期，乃蛮王子屈出律，联合伊斯兰教国家花剌子模，篡夺了西辽政权，花剌子模乘机侵占西辽的疆域，成吉思汗的西征，不仅灭亡了西辽，也消灭了花剌子模。《长春真人西游记》对西辽末期当地的政治局势变化记载得比较清楚，显然，邱处机等人在途经这片西辽当年的直辖领地的时候，对当地历史沿革的了解还是比较多的。

邱处机也注意到，这里的气候、地理条件与蒙古草原不同，但平原比较多，当地居民主要从事农业，葡萄的种植比较普遍，出产葡萄酒，果木的品种与中原地区十分相似。只不过气候干旱少雨，所有的耕地都要引河水灌溉。

又走了七八天，邱处机一行来到塔拉斯城。

塔拉斯城，又名怛逻斯城，位于今哈萨克斯坦的江布尔。在唐代，这里是中亚粟特人建立的石国的重要城镇。在这里，唐王朝曾经与阿拉伯帝国的阿拔斯王朝发生过一场激烈的战争，这也是中国和阿拉伯帝国之间唯一一次战争。由于唐军主帅高仙芝指挥失误，唐军惨败，此后，这一带成为唐朝与阿拉伯帝国的分界地带。此次战役中被俘的唐军战俘中，有精通造纸术的中国工匠，正是他们将造纸术传入阿拉伯帝国，并由此传往欧洲各地。当年唐僧玄奘赴印度取经路过此地时，这一带的居民还普遍信仰佛教，但在此次战役之后，中亚各地就迅速地伊斯兰化了。邱处机来到这里时，当地的居民早已普遍信奉伊斯兰教了。

又往前行，便来到了西亚古城赛蓝城，邱处机一行被迎入馆舍。

《长春真人西游记》记载，农历十一月初，连续下了几天雨，接着，"四日，土人以为年"。实际上，这一年的农历十一月初四，是伊斯兰教历的十月初一，是伊斯兰教一年中的第二大节日，开斋节，邱处机师徒将其理解为穆斯林的新年是不对的。

每年伊斯兰教历的九月，阿拉伯语称莱麦丹月，穆斯林要斋戒一个月，就是从天放亮到日落之间，禁止一切饮食，这是伊斯兰教非常重要的一项宗教功修，因此莱麦丹月也被称为斋月。伊斯兰教历的十月一日，斋月结束，穆斯林饮食恢复正常，各地穆斯林习惯上要举行隆重的庆祝活动，欢庆又完成了一年一度的斋戒，这一天就是开斋节。

邱处机一行在赛蓝城度过了1221年的开斋节。但是，当地穆斯林的节日欢庆气氛并不能冲淡邱处机师徒们的悲伤，因为邱处机的弟子赵道坚病重。

就在这一天，赵道坚对邱处机的另一位弟子尹志平说："当初追随师父在宣德的时候，我就觉得自己将不久于人世了，觉得自己已经没有能力陪师父西行了。但幸蒙师父教诲，我们修道之人不应该因生死之事使自己的信念动摇，也不应该将苦乐之事放在心上。现在，我的归期将至，你们好好地事奉师父吧。"次日，赵道坚病逝，并在当地安葬，邱处机师徒也于当日动身。从此开始，邱处机前行的路线由原来的西进转为南下。

11月26日，邱处机一行渡过锡尔河。

锡尔河，古称药杀水，源出天山山脉，在费尔干纳盆地的东部，由纳伦河与卡拉河汇合而成，沿费尔干纳盆地北部西流，在与奇尔奇克河汇合后，经克孜尔库姆沙漠的东部边缘地带最终注入咸海。

渡过锡尔河不久，邱处机就来到撒马尔罕。

《长春真人西游记》中称撒马尔罕为"邪米思干"，并说在从前，此城的居民有10余万户，但邱处机来到这里时，战乱刚刚过去，人口虽然有一定的恢复，但还不到从前的四分之一。此时，城中除蒙古人之外，还有不少契丹人、汉人和西夏人，显然都是后迁入的移民。

在撒马尔罕，邱处机见到了先行出发的刘仲禄，因为前方战乱，道路不通，刘仲禄也未能去见成吉思汗，一直滞留在这里。刘仲禄与邱处机商量，因为前方道路不通，又时至深冬，希望邱处机就在这里留下来过冬，等开春再南下。邱处机正有此想法，就决定一行在撒马尔罕暂住。

此时，当地的最高长官是耶律阿海，契丹人，擅长骑射，精通多种语言。由于当地的局势还极不稳定，小股叛乱时常发生，连耶律阿海都不敢居住在内城的王宫中，而是驻扎在军营中。在安排邱处机的住处时，他特意征求邱处机的意见，邱处机说："我们修道之人听从命运的安排，逍遥以度岁月，白刃临头尚且不畏惧，何况盗贼还没有来呢，还能预先去忧虑这些事吗？再说行善和作恶走的是两条路，没有生死矛盾，并无加害我们的必然性。"于是，邱处机师徒就在城中住了下来。耶律阿海给邱处机师徒提供米面油盐、水果蔬菜等食品和日常用品。耶律阿海见邱处机很少饮酒，就提出要拿百斤葡萄为邱处机专门酿造葡萄酒。邱处机说："何必酿酒呢，就给我百斤葡萄，我用来待客也就足够了。"耶律阿海果然如数送来当地特产的葡萄，经冬不坏。

到第二年4月启程，邱处机在撒马尔罕住了大约五个月，这是邱处机西行旅途中停留时间最长的地方。虽然冬季比较寒冷，但日常供应丰富充足，所以邱处机在撒马尔罕还是过上了西行途中难得的惬意日子。在这里，他还见到了产自印度的大象、孔雀等珍奇物种。邱处机的一首诗作很能反映他此时的生活状态及心态：

> 二月经行十月终，西临回纥大城墉。
> 塔高不见十三级，山厚已过万千重。
> 秋日在郊犹放象，夏云无雨不从龙。
> 嘉蔬麦饭蒲萄酒，饮食安眠养素慵。

邱处机的诗中特别提到当地的"塔",实际是指唤礼楼。伊斯兰教的清真寺中一般都建有高塔,到礼拜的时间,会有专人登上高塔,呼唤穆斯林来清真寺中参加礼拜,因此这种建筑俗称唤礼楼。这种建筑自然不会像中原地区的塔,分多少级,只是内部有通道可以登上塔顶,以便将声音传得更远。

却说刘仲禄与田镇海将邱处机安顿下来之后,便率部前进,去侦察沿途的情况。一直到1222年2月初,他们派出去侦察的各路人马才纷纷返回,得到的消息是,沿途的战斗基本结束,敌人也已经肃清了,现在成吉思汗在大雪山的东南过冬,不过沿途有百余里积雪极深,难以通行,请邱处机在方便时再南下。邱处机说:"我听说大河以南没有种植麦子的,我们的日常饮食主要是米面蔬菜,这一点还请上报,做些准备。"

至4月中旬,阿里鲜从成吉思汗的行宫来撒马尔罕传达成吉思汗的旨意,请邱处机南下至成吉思汗的营地相见,并命令万户播鲁只派部队千人护送邱处机。

邱处机将弟子尹志平等三人留在了撒马尔罕,率弟子五人,于4月28日启程,在部队的护送下途经铁门(今阿富汗库尔勒城北,当年唐僧玄奘赴印度取经也曾路过这里)。一行人于5月12日渡过阿姆河。

阿姆河,史书中也称为妫水、乌浒水,源于帕米尔高原东南部海拔4900米的高山冰川,是中亚流程最长、水量最大的内陆河,是与锡尔河并称的咸海的两大水源之一。

阿姆河流域曾被花剌子模控制,当邱处机来到阿姆河以南的时候,花剌子模刚刚为成吉思汗所灭,这里成为了蒙古人统治的地区。为追击花剌子模的残余势力,蒙古军队甚至已经进入印度河流域。成吉思汗此时所驻扎的大雪山，就是今天的兴都库什山脉。

一直到渡过阿姆河，邱处机才知道，他此行的目的地终于快要到了。又走了四天，他已经远远地望见了成吉思汗的大营。1222年5月17日，在从中国河北启程两年零两个月之后，邱处机终于抵达了成吉思汗的驻地。

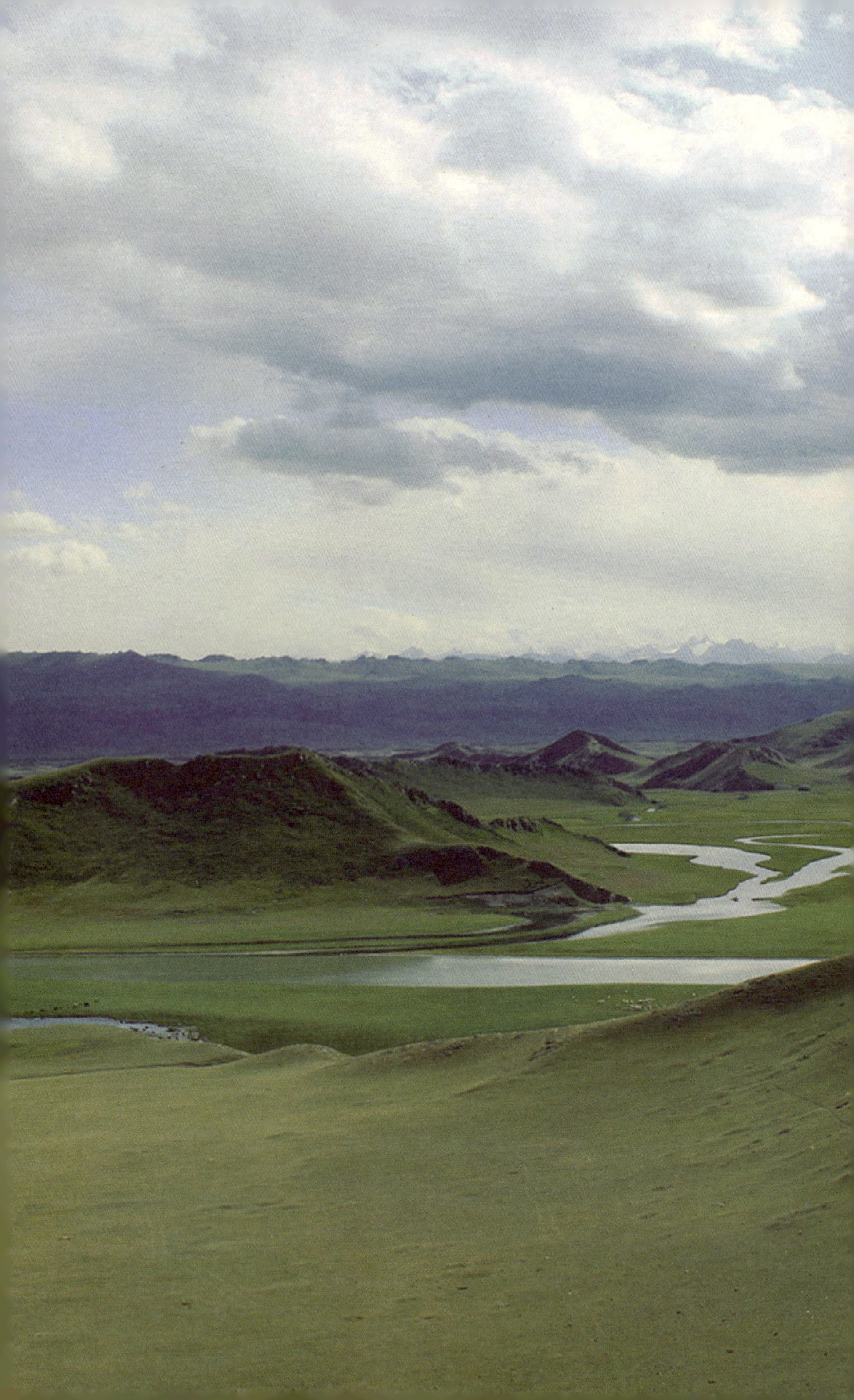

第五章

相逢在异域

抱着"化胡"的信念，抱着为天下苍生请命的决心，邱处机率十八弟子取道蒙古草原前往西域，经新疆、中亚，最后抵达成吉思汗在兴都库什山西南的大营。历经数载跋涉，经过那些他们闻所未闻的城市，已过古稀之年的邱处机，几乎就是沿着成吉思汗西征杀戮的进军路线，一路追赶着成吉思汗的大军，他的愿望是劝成吉思汗停止杀戮。究竟是怎样的一种信念支撑着这位已是风烛残年的老人？

一 远行万里，只为一席话

邱处机与成吉思汗的第一次见面，是短暂而冷淡的。

成吉思汗先是客套了一下，说："金、宋两国都曾征召聘请您，您都不去。现在您不远万里来见我，这使我特别高兴。"邱处机回答："我尊奉您的命令而来，这是天意！"

邱处机见面第一句话就提到"天"，无疑是耐人寻味的，显然，邱处机在漫长的旅途中早已构想好如何开始与成吉思汗的谈话。他先提出"天"，成吉思汗肯定会理解为蒙古人信奉的"长生天"，好像两人拥有共同的信仰，一下子拉近了宾主间的距离，然后他再偷换概念，转入道教中所说的天与天道，由此开始劝说成吉思汗少欲止杀。邱处机对谈话的设计无疑是高明而巧妙的，但成吉思汗接下来的一句话，却使他的打算差点落空。

成吉思汗问："真人远道而来，有什么长生不老的药送给我吗？"他竟然完全不理会"天"，关心的只是"药"。成吉思汗盼望着邱处机的到来，就是希望得到长生不老之药，服下后即可长生，邱处机答："我只有养生之道，没有长生之药。"

与其虚与委蛇，不如直接实说，先打破成吉思汗对长生药的幻想，然后才能他有可能听邱处机讲道。

听到邱处机的回答，成吉思汗的希望顿时落空，不无惆怅，不无落寞，但反过来想一想，这也是在意料之中，接下来，他对着翻译感叹邱处机的坦率真诚，命人在御帐的东面搭了两顶帐篷，供邱处机和他的随行弟子居住。

只有这么两番问答，成吉思汗与邱处机的第一次会面就结束了。

但很快，成吉思汗就派翻译来问邱处机："人们都称呼您为'腾吃利蒙古孔'，这是您的自称呢，还是别人对您的称呼呢？"在蒙古人的语言中，"腾吃利"意思是天，"蒙古"意思是长寿，"孔"的意思是人，"腾吃利蒙古孔"，译成汉语就是长生的仙人。显然，成吉思汗相信邱处机是真诚的，他说没有长生之药自然是可信的，但在送走邱处机之后，成吉思汗才想到，人们都称呼邱处机为长生的仙人，这一定是有原因的吧，他也一定想到了刘仲禄曾经对他说邱处机已经有300多岁了，那么，这究竟是不是真实的呢？这个邱处机虽然没有长生之药，但是否会有其他的长寿秘方呢？

邱处机告诉翻译说："不是自称，是别人这样称呼我。"过了一会儿，翻译又来问邱处机："人们过去是怎么称呼您的呢？"邱处机回答："我们四个人跟随真人王重阳学道，三人已经仙逝了，只有我还活着，人们称我为先生。"邱处机也明白成吉思汗仍旧是纠结于长生之事，所以干脆明白地告诉他，我们修道之人也是要死的，和我一起修道的人都已经不在了。

成吉思汗也明白了邱处机的意思，他问随邱处机一路西行的田镇海："应该给邱处机一个什么样的称号呢？"田镇海答道："有人尊称他为师父，有人尊称他为真人，还有人尊称他为神仙。"成吉思汗说："从今以后，我们要称邱处机为神仙。"显然，这就是成吉思汗心中对邱处机的定位，他能听邱处机讲道，而且听得很认真，这种定位是非常重要的。

由于当时天气炎热，邱处机跟随成吉思汗住在大雪山的帐篷避暑。史书中记载的大雪山，就是今天中亚地区的兴都库什山。由于海拔非常高，山顶常年有厚厚的积雪，因而被称为大雪山。

邱处机与成吉思汗

成吉思汗与邱处机约定，到5月26日正式请邱处机讲道。快到讲道的时候，成吉思汗收到札兰丁大败蒙古军队的消息后，决定亲自率军去消灭札兰丁。因此，将讲道的时间推迟到半年以后，改在11月。也许是成吉思汗认为，再给他半年的时候，他就可以完全消灭札兰丁的残余势力，到时就可以安安稳稳地听邱处机讲道了。史书中记载的一个细节也值得我们关注，改在11月的讲道日期，是通过占卜确定下来的，由此可以看出，成吉思汗对此事的严肃认真，他极为重视邱处机即将对他讲道的内容，因为在成吉思汗看来，这关系到他是否能够长生不老。

邱处机道行便装像

而邱处机的态度却相对淡漠，他请求回到撒马尔罕的馆舍等候。成吉思汗问："您再回到这里，那不是太辛苦了吗？"邱处机说："20天就到了。"成吉思汗又问："用不用派人护送您啊？"邱处机回答说："有宣差杨阿狗就行了。"史料中记载的两人的这番对话，应该是通过翻译传话进行的对答。可以肯定的是，6月15日，在宣差杨阿狗率1000多骑兵护送下，邱处机回到了撒马尔罕的馆舍。在这段时间里，他一直住在撒马尔罕，与伊斯兰教的文人有所交往。

邱处机不随行，主动拉开与成吉思汗的距离，显然是因为他不愿意与成吉思汗朝夕相处，他要用适当的距离保持一点神秘感，也便于保持成吉思汗对他的这份尊重，只有这样，才有可能能使半年后的讲道达到最佳效果，才有可能触动成吉思汗，达到自己万里西来的目的。

在与成吉思汗的第一次会面中，邱处机的表现恰到好处：礼节上，不卑不亢，礼数周到，态度上，谦虚谨慎，坦诚率直，因此赢得了成吉思汗的信任与赏识。

邱处机在撒马尔罕的馆舍过得很快乐。盛夏炎热的时候，邱处机躺在窗边借过堂风解暑，夜里就睡在屋顶的平台上感受夜风的清凉。7月特别热的时候，邱处机干脆泡在水池里。一位李姓提控将五亩瓜田献给了邱处机，供他采摘食用。察合台来到这里，刘仲禄向邱处机要瓜献给他，10个瓜就重达100斤。邱处机待在馆舍，来拜访的客人很少，师徒们玩联句、接句、猜字谜之类的游戏作为消遣。

1222年8月24日，邱处机派阿里鲜去成吉思汗处送表章，禀告论道的日期。9月13日得到成吉思汗的批准，14日便动身出发。耶律阿海护送了数十里。邱处机对他说："回纥城东边最近有2000户居民反叛，夜夜举着火把在城墙边闹事，弄得人心不安。应该去那边安抚百姓。"太师回答说："要是神仙在路上遇到危险，该怎么办呢？"邱处机说："不会遇到什么事的，即使有事，也不会有你什么责任。"耶律阿海听了劝告后，这才回去。

中秋的时候，来到了河岸边。邱处机不禁思念故乡，想到中秋是团圆的日子，太平日子里，家家赏月，户户团圆，饮酒赋诗，唱歌跳舞，而自己身在他乡，不由得悲伤起来。

9月28日，成吉思汗派田镇海前来迎接。到了行宫，成吉思汗派田镇海来问："是现在就见面呢？还是休息一会再见呢？"邱处机答道："希望现在就能见到皇上。我们道士见皇帝，从来不行跪拜的礼节，请允许我们行折身叉手之礼。"

这是邱处机与成吉思汗第二次会面。从我们现在掌握的史料来看，这次会面仍旧是平淡短暂的。邱处机来到行宫后马上去见成吉思汗，以表示他对成吉思汗的敬意，但乘机也暗示他不会向成吉思汗行跪拜礼，以提高自己的身份，这一点无疑也得到了成吉思汗的默许。

邱处机来了以后，成吉思汗请他吃乳酪。吃完后，成吉思汗问："您居住在撒马尔罕城，食物供应充足吗？"邱处机回答说："从蒙古到这里来以后，住在撒马尔罕城，供给都是由太师耶律阿海负责的。最近，食物、用度稍微有些困难，耶律阿海也是尽力筹办。"成吉思汗开始关心邱处机的饮食起居，这不仅是对邱处机的尊崇，也反映出在成吉思汗的心目中，邱处机终于从"神仙"转变为凡人，与其他人一样也是需要饮食的。成吉思汗也许想通了许多事情，这种心态的转变，是他能够耐心倾听邱处机讲道的前提。

第二天，成吉思汗又派近侍官合住传旨说："真人每天来我这儿吃饭，可以吗？"邱处机回答道："我是修道之人，喜欢安静独处。"成吉思汗也没有强求。成吉思汗显然有意与邱处机拉近距离，但邱处机却宁愿保持这种距离，双方的心态都是非常微妙的。

10月3日，成吉思汗开始北返，邱处机随行。路上成吉思汗多次赐给邱处机葡萄酒、瓜果、茶食。

10月21日，成思吉汗与邱处机都期待的时刻终于到来了，成吉思汗在八鲁弯驻扎，在大帐中设立道坛，正式邀请邱处机讲道，可以说，邱处机万里西行，这时才走到了真正的终点，可谓"远行万里，只为一席话"！

大帐中灯火通明，成吉思汗不仅让侍女和周围的人都退下，连田镇海、刘仲禄也都在帐外伺候，只有邱处机、耶律阿海、阿里鲜坐在大帐中。成吉思汗竟然将讲道一事弄得如此神秘,显然,他还是希望邱处机能传授他长生的秘法,而这种仙家秘法,他并不愿意与众人分享的,在他看来,邱处机这位活神仙也不会愿意让更多的人知道,毕竟泄漏天机就是在仙家看来也是一件大事。

但邱处机却说:"刘仲禄万里相送,田镇海几千里护送,也让他们进来一起听吧!"成吉思汗这才把两人叫了进来。在成吉思汗看来,能分享这样的仙家机密,是对刘仲禄和田镇海的莫大恩赐,既然邱神仙要给他们这样的好处,自己当然不能不同意。但邱处机的用意却是,他要影响成吉思汗身边的人,以便在自己走后,他们还能够影响成吉思汗,毕竟自己与成吉思汗接触的时间是相当有限的。

邱处机开始讲道,由耶律阿海用蒙古语翻译给成吉思汗听。

邱处机非常清楚成吉思汗期望的是什么,所以他从养生修仙开始讲起:

"道能生天育地,日月、星辰、鬼神、人物都是由道生出来的。我离开亲人出家,就是为了学习这个道。道生天地,开天辟地后,才生出了人。人生出来的时候,有神秘的光芒照耀,走路如同飞翔。后来,因为人的欲望越来越多,神秘的光芒随即消失。我们学道的人,因为这个原因,世俗人喜爱的东西,我们不喜欢。世俗人居住的地方,我们不去住。除去音乐美色,把清净作为娱乐。摒弃珍馐美味,以淡泊名利为美事。一味追求物质享受的人,是不懂得老子所说的道与德。眼睛看着美人,耳朵听着美妙的声乐,嘴巴总是离不开美味,感情上追逐情爱,就会散掉元气。就像是气球,气足时就很充实,气散时就瘪了。人靠元气为生,追求物质享受、产生思虑,元气就会散掉,就像气球的气跑掉一样。"

"但是,人们无衣无食怎么能过日子?所以必须得苦心经营,白天干了晚上也得干，为了温饱、享受，又不得不干、不得不受苦。人们要得到衣食，必须得费尽思虑，对身体有很大损伤。贪婪女色，也会损耗精神气力，当然也会损伤元气，而且损伤的元气特别多。"

"道生成天地。轻清的部分生成为天，天是属阳、属火的；重浊的部分生成为地，地属阴、属水。人们居住在天地之间，阴阳同时处在人的身体里。因此，学道之人，懂得修炼的方法，去掉奢侈，摒弃欲望，进而达到固精守神，这样做的目的就是为了凝聚更多的阳，结果是阴消而阳全，做到这些，就能升天成为神仙，就像火苗往上飞升似的。愚昧迷惘的人，将酒作为滋补品，以非分的想法作法作为正常的事，放纵情欲，追求欢乐，就会损耗精神，损伤神智，结果是阳衰而阴盛，就会沉到地下为鬼，像水必然向低的地方流去一样。"

"学习修真之道的人，就像将石头推向险峻的高山，越到高处就越困难，不慎摔倒，便会前功尽弃。因为这是很难做的事，所以世上没有人愿意这么做。背离道而去追逐私欲的人，如同把石头扔下很陡的山坡，越是低的地方越是滚得快，很快就滚落到山底，一直往下滚而不能再向上。这是非常容易的事情。因此，世上的人都愿意这么做，而没有人顿悟。"

戒除欲望虽然是行道的核心内容，但是邱处机很清楚，成吉思汗是不可能做到的，若是一味强调清心寡欲，会让成吉思汗觉得遥不可及，也就会将自己讲的内容抛在一边了。因此，讲到这里，邱处机话锋一转，进入另一个话题，实际上也是他此行的目的之所在：

"我前面所说的修行之道，都是一般人能够做到的。关于天子的学说，又和这个是不一样的。"

"您本来是上天的儿子，上天派您来管理天下，要您除暴安良，待百姓如同他们的父母，执掌上天的刑罚，就像高级木匠一样，对木器该削的削,该砍的砍。您手里掌握着百姓的生杀大权,就应该克服各种困难,管理好百姓。功成名就之后,就会回到天上。"

"道创造众生,就如同用金属铸造众器,销毁器物就又变回了金属。人做善事,就回到了道的怀抱。人世间的歌舞声乐锦衣玉食,人们见到后都会感到高兴,这并不是真正的快乐,从根本上说这是受苦。世人以虚无荒谬的事情作为事物的本真,把很苦的事情当作快乐的事情,这不是很可悲的吗?他们不知道,天上仙境所具有的快乐,才是真正的快乐。"

接下来,邱处机说到了问题的关键,开始劝成吉思汗行善:

"天地之间,人类是最为珍贵的,因为人身很难得到,就像麒麟的角那样珍贵。其他的动物到处都是,像牛毛一样多。既然得到了难得之身,应当走道家的修真之路,行善造福,逐渐达到美好的境界。上至帝王,下至百姓,尊卑虽然不一样,但性命是一样宝贵的。帝王都是自己降低身份而来到人间的,如果能够行善修福,回到天庭的时候,会得到比以前更高的官职;如果不行善修福,就不能再回到天庭。天人在功德微小、德行低下的时候,上天就会让他们来到人间修行福祉、救济万民,只有这样,回到天庭时才能得到高的职位。过去,黄帝奉上天之命来到人世间,第一个30年作为百姓;第二个30年经过修行而成为臣子;第三个30年经过更苦的修行变成了君主。国家得到很好治理,不断积累功德,功成圆满之后,黄帝便升到天庭,职位比以前更尊贵。"

"您修行的方法,就是要在外面多做好事,积累阴德,在内加固精神。体恤民间的疾苦、保护百姓的生命,使天下的百姓都得到很大的安全感,就是在外进行修行。减少欲望、保存精力,便是在内进行修行。人们是以饮食作为生存的根本,清净的东西转化为精气,而秽浊的东西则变成屎尿。贪欲好色，会损耗精气，人会变得疲惫和衰老。您应当特别珍惜您自己的身体，每晚召幸妃子，身体已经吃不消，如果再纵欲的话，就更不得了了！因此，即使不完全戒掉，也要加以控制，这样就能较快地达到道的境界了。"

　　丘处机知道，劝善虽然是他此行的目的，但也不能喋喋不休，否则就会适得其反。将他的意思都表达清楚之后，不等成吉思汗厌倦，丘处机就开始了最能引起成吉思汗兴趣的话题，如何通过养生达到长生：

　　"神与气，共同存在于人的身体里。精气与骨髓本来就是一个源头。您可以试试一个月不行房事，一定会感到精神清爽，筋骨强健。古人曾说过：吃草药一千天，还不如一个人单独睡一晚。"

　　"古人因为传宗接代的缘故，娶妻进而组成家庭。先圣周公、孔子、孟子，都有孩子。孔子在40岁的时候不再有什么疑惑，孟子在40岁的时候不再动心。人在40岁的时候，气血开始衰弱，因此，这个时候应该戒色。您的子孙众多，应当注意自身的保养。"

　　在讲了一些养生的具体方法和效果之后，看到成吉思汗已经有些疲倦，丘处机又讲了两个帝王的故事作为案例，也使谈话的内容更加轻松：

　　"过去宋朝的徽宗皇帝赵佶，本来是天人，有一个叫林灵素的神仙把他带到天庭游玩，进入林灵素居住的宫殿，赵佶为这座宫殿题名为'神霄'。在天庭里，赵佶从来都感觉不到饥饿和口渴，也感觉不到寒冷和炎热，逍遥无事，快乐自在。赵佶便想长久居住在这里，不想再回到人间。林灵素劝他说：'上天把陛下安排在人世间，您有成为天子的功德，但是功德没有圆满，您哪能在天庭居住呢？'于是，赵佶便回到人间，女真国兴起，完颜阿骨打的大将娄失俘获赵佶把他带到北方并死在那里。由此,我们知道上天的乐趣,何止比人间强一万倍。但是因缘没有终了,哪能就突然回到天庭呢?我们一起学道的四个人,他们三个人已经做满功德,就如同蝉蜕去外壳一样。将平凡的身体修炼升化,就能化身成千百个人,没有什么是不可能的。我千辛万苦,还存活在人间,也是因缘未了。"

"人们想得到长寿是很难的,就像鸟兽年年产子,不久就会死亡。活到壮年、老年的人是很少的,婴儿小孩能够成活的也是少数。由于人们战胜疾病、天灾、人祸是很不容易的,所以二三十岁被称作下寿;四五十岁被称为中寿;六七十岁被称为上寿。您的岁数已经进入上寿这个阶段,应当修炼德行保养身体,以求能够达到长寿。"

"想当初,金国的世宗皇帝完颜雍即位后的第十年,色欲过度,衰惫不堪,每次朝会,都必须有两个太监搀扶才能行走。从那时起,世宗皇帝到处寻找道行高深的道士,访求保养身体的方法。世宗皇帝曾经将我找去询问修真之道,我把前面向您说的话向世宗皇帝说了一遍。世宗皇帝按照我的方法做了,从此以后,他的身体变得健康强壮,走路像原来那样,在位30年才去世。"

讲到这里,邱处机选择了时机,即在听众已经感觉疲劳,不再容易集中注意力听讲的时候,结束了这一天的讲道。而他提到的两个帝王,宋徽宗、金世宗,与成吉思汗的时代相距不远,宋徽宗是出名的道君皇帝,非常推崇道教,金世宗则是金朝在位时间最长的君主,这两个人与修道的关系,显然是一个神秘而吸引人的话题,就在激发起听众浓厚的兴趣之后,邱处机戛然而止。应该说,邱处机是一位非常高明的演讲者,善于把握听众的情绪,他的讲道让人觉得回味无穷。

成吉思汗听后,很是惬意,也很满意。当天的讲道,应该说达到了邱处机预期的效果。不出所料,成吉思汗又另约时间要再请邱处机讲道。四天后，25日的夜晚，成吉思汗再次召邱处机来讲道。29日，又一次请邱处机讲道。成吉思汗听后都非常高兴。他不仅认真地听讲，还命令旁边的人记录下来，以免日后忘记。成吉思汗对周围的人说："神仙三次讲养生之道，很合我的心意。你们不要把神仙讲的话泄露出去。"

邱处机的弟子李志常在撰写《长春真人西游记》一书时，遵照成吉思汗不要泄露的禁令，没有记录讲道的具体内容。幸运的是，讲道的内容保存在了元朝政府的档案库中，后来由耶律楚材整理，编成《玄风庆会录》。学界对《玄风庆会录》作者是否是耶律楚材还有争议，但多数学者认为这本书所记内容基本上是真实可信的。由此，我们得以了解邱处机是用什么样的语言、思想打动了成吉思汗。

讲完道后，成吉思汗说道："您耐心地为我讲解了道的精髓，我非常恭敬地听完了！您所说的事情，都是很难做到的。虽然如此，我还是会遵从您的仙命，勤恳去做的。"讲道结束后，成吉思汗命令近臣将记录的内容整理出来装订成册，供他以后观看。成吉思汗对邱处机说："您所讲的学问非常高深，没有弄懂的地方，以后我再向您请教。"

1222年11月5日，邱处机随成吉思汗回到了撒马尔罕，成吉思汗驻扎在城外20里处，邱处机则回到原来居住的馆舍。

11月10日，邱处机随同耶律阿海一同面见成吉思汗。成吉思汗说："不让我周围的人退下，行不行？"邱处机回答："他们不会妨碍我们谈话的。"成吉思汗对邱处机的讲道理解多少不得而知，但他至少已经明白了，邱处机的讲道，讲的并不是什么仙家秘法，而是一些实用的道理，外人听听也无所谓，关键是能不能做到。

邱处机让耶律阿海用蒙古语将他的想法告诉成吉思汗："我学道

已经很多年了,平时喜欢在僻静的地方走一走、坐一坐。在您的御帐前居住的时候,军马杂乱,令我精神异常苦闷。从现在开始,您就让我或在您的大军前面,或在大军的后面,随便跟随您前行吧!如果您能同意我的请求,我就感激不尽了。"邱处机万里西行的目的已经达到了,该说的他都已经说完了,他显然不想与成吉思汗进一步接触,以免破坏了三次讲道他刻意营造出来的意境。如果他由一个带有神秘色彩的仙人,变成一个天天出入成吉思汗御帐的俗人,那么,他先前讲道的内容对成吉思汗的影响就会降低。

成吉思汗同意了邱处机的请求。邱处机走出御帐后,成吉思汗又派人来问:"您要那种被叫作秃鲁麻的棉布吗?"邱处机回答:"谢谢陛下的好意,这对我们学道之人没有什么用。"邱处机是为救天下万民而来,他怎么会在意世俗的财物呢?他也很清楚,如果表现出对世俗财物的喜爱,不仅会受到成吉思汗的轻视,这种与其讲道内容相违背的行为,也会彻底破坏成吉思汗求道的意愿。

据李志常《长春真人西游记》记载,邱处机来到撒马尔罕后,总是将多余的粮食送给贫困的人们,又时时施粥救活了很多人。他用具体行动表现出了一位修道者的风范。

二 东归白云观

成吉思汗出发西征时遣使臣去请邱处机,当他们在兴都库什山初次见面时,西征已经接近尾声了。成吉思汗西征的主要打击对象花剌子模已经被彻底灭亡,同时,中亚地区许多繁华的城市也变成了一片废墟。除了哲别率领一支部队远征东欧之外,蒙古军的主力部队开始踏上了东归之路。在问道之后不久,成吉思汗的御营拔营东归,邱处机也踏上了东归的旅程。

1223年1月26日,邱处机一行在路上遇到了暴风雪,冻死了不少牛马。走了三天,向东经过今锡尔河,来到成吉思汗的营地。

1月31日,河上的大桥在半夜遭到雷击,断裂散成好几段。当时蒙古人畏惧震雷,每听到雷声,一定会用手堵住耳朵,趴在地上躲避。如果遇到雷火,就会丢掉家里的财产逃走,一年之后才敢返回原来的居住地。震雷断桥,在成吉思汗看来是极为严重的天象变幻,他把邱处机请来,向他请教打雷的事,也是希望他对此异变有一个解释。

邱处机说:"我听说蒙古人夏天不在河里洗澡,不在河边洗衣服,不洗羊毛制作毡子,因为容易被突发的洪水冲走。山林野地里的蘑菇,不允许人们采食,因为惧怕上天的惩罚,但这不是奉行天道的做法。我听说三千条大罪中,最严重、最不能饶恕的就是不孝。上天特意用打雷来警示人们要孝顺父母。我听说蒙古人的风俗习惯中,多数人都不孝敬父母,您应该用帝王的权威和盛德,让他们改变这种不好的习俗。"

成吉思汗很高兴地说:"神仙说的话,很是符合我的心意。"成吉思汗命手下的人用回纥文字将邱处机说的话记录下来。邱处机请求把这些话告诉所有的蒙古人,成吉思汗听从了他的建议。成吉思汗随后把儿子们、王公大臣们找来,对他们说:"汉人尊重神仙,就像你们敬奉长生天一样。我现在越来越相信邱处机就是天上的神仙啊!"接着把邱处机所说的话,讲给他们听,

邱处机画像

还说:"上天让神仙对我说的这些话,你们每个人都要牢记心头。"成吉思汗这时已经62岁了,子孙成群,邱处机谈到孝道,自然是最对他的心思的。

这是邱处机与成吉思汗之间最后一次的正式谈话了。邱处机借雷击事件向这位蒙古族的最高统治者渗透儒家的孝观念,也就是渗透汉人的伦理道德观念,从他要成吉思汗将此思想讲给所有的蒙古人来看,邱处机是很用心地在提倡孝道。讲道从天道开始,到人伦结束,可见邱处机对他与成吉思汗之间的交往与谈话设计得何等巧妙,也看得出邱处机对此事是多么的用心。

1223年2月2日是农历的春节,将军、医生、占卜家等都来向邱

处机祝贺新年。2月20日,即阴历正月十九,是邱处机的生日,官员们烧香为邱处机祝寿。3月1日,送给邱处机瓜田的李姓提控前来向邱处机告别,邱处机对他说:"再次见面是不可能的了。"提控说:"我们在4月就可以相见。"邱处机说:"你不知道天道运行的道理,三四月我就要东归了。"

3月10日,邱处机入见成吉思汗,奏道:"我离开的时候,约定三年回去。如今是第三年了,能够回到故乡,是我的心愿。"成吉思汗说:"我现在已经向东走了,和我一道走,行吗?"邱处机回答说:"让我先走吧!随意快慢,这样才方便。我来的时候,汉地的人问我什么时候回去,我曾回答说三年。现如今,您要咨询的事情,我都告诉您了。因此,我想早些回去。"成吉思汗想了想,说:"您再稍等三五天,我的儿子们就会到来,和我谈些事情。以前您讲的一些道理,我还没弄明白,等我弄清楚了,就放您走。"

3月11日,成吉思汗在追赶一头大野猪时,坐骑突然摔倒。野猪反被吓住了,站在一旁一动不动。成吉思汗的手下从四面匆忙赶来,野猪便逃走了。成吉思汗停止打猎回到行宫。邱处机听说了这件事,入谏说:"上天好生恶杀,现在您年事已高,应当少出去打猎。从马上摔下来,是上天对您的告诫。野猪不敢向前咬人,是上天对您的庇护。"成吉思汗回答说:"我已经深深地反省了,神仙劝诫我的话是非常正确的。我们蒙古人从小就学会了骑马打猎,已经成为我们生活的一部分了,不能说停就停。尽管如此,神仙的话,我会记在心中。"成吉思汗还对人说:"只要是神仙劝我的话,以后都要听从。"从那以后,成吉思汗两个月没有出去打猎。

3月27日,邱处机再次入御帐辞行。成吉思汗说:"神仙将要离去,应当给神仙什么东西呢?我得好好想一想。神仙再等几天吧!"4

月9日，邱处机又来辞行。成吉思汗想赐给邱处机牛马等财物，邱处机一概不接受，说："给我几匹马就可以了。"成吉思汗问阿里鲜："在汉地，神仙有多少弟子啊？"阿里鲜回答说："有很多。神仙来的时候，我在德兴府龙阳观中，曾看见官府来催讨赋税。"成吉思汗随即说："神仙的门下弟子，免除各类赋税。"成吉思汗为此下了一道圣旨，上面加盖了御玺。成吉思汗命令阿里鲜为宣差，蒙古带、喝剌八海作为副宣差，护送邱处机东归。

4月12日，邱处机辞别成吉思汗。从此，成吉思汗与邱处机分道而行，成吉思汗前往蒙古草原，邱处机返回燕京。邱处机出发的时候，答剌汗以下的官员都携带葡萄酒、珍稀果品来送行，送出城外几十里才罢休。

4月17日，弟子们到赵道坚的墓地祭奠。弟子们商量要把他的尸骨带回去。邱处机说："人的身体是由地、水、火、风构成的，都是些腐朽的东西。只有灵魂、学习道教真谛的精神，是自由自在，不受拘束的。"于是众人打消了将赵道坚尸骨带回汉地的念头。

5月6日，邱处机来到了阿力麻里城的东园。察合台的大匠张荣一定要邱处机到他那去，说："弟子居住的地方营建了三个道坛，有400多信徒。早晨参拜，晚上行礼，从来没有懈怠过。您去几天就行，不会耽误您的行程的。希望神仙渡河去我那，使信徒们能够当面向您请教，那样我们就太幸运了。"邱处机推辞说："南方的因缘已经很近了，我不能改变路线前去。"张荣执意邀请。邱处机只好说："如果没有别的事情，我就去。"第二天，邱处机骑乘的马突然向东北奔去，张荣等悲伤地哭着说："我们与神仙无缘，上天不允许神仙到我们那里去。"

6月1日，邱处机一行来到天山。弟子宋道安等九人和长春、玉华会的道友、宣差郭德全等前来迎接,将邱处机接到了栖霞观,邱处机下车的时候,下起了大雨。人们互相祝贺道:"这个地方整个夏天从来都是很少下雨的,即使有雷雨也多在南北两山之间的地方。现在却雨水充足,都是邱神仙道行的福荫惠及万众所致啊!"

教徒们告诉邱处机,前一年,道众被坏人嫉妒迫害,大家心里都很不安。宋道安白天在房中睡觉的时候,赵道坚忽然出现在天窗中,对他说:"有书信到。"宋道安问:"从哪里来的?"赵道坚说:"从天上来。"宋道安接过信一看,只有太清两个字,刚要发话询问,这一切忽然都消失了。第二天,师父就有书信到,魔鬼捣乱的事情渐渐地也都不见了。行医的罗生无故诽谤诋毁道教,一天骑马走到道观前掉了下来,摔断了胫骨,他自己忏悔说:"这是我的罪过。"向道众认罪。

阿里鲜等人对邱处机说:"往南走,沙石很多,水草很少。来往的使者、客商很多,马匹会很辛苦,恐怕会困在路上。"邱处机说:"分成三部分前行,我们师徒就不会有什么事了。"6月7日,邱处机让宋道安等六人先走。14日,邱处机带着尹志平等六人随后出发。18日,李志常等五人最后动身。

邱处机一路向东,翻过了阿尔泰山的支脉,山上有积雪,寒气刺骨,此时邱处机生病了,不愿吃饭,只是不时地喝汤。又走了几天,邱处机骑马已经很困难,有时候只能坐车。尹志平等人问邱处机:"师父得了什么病啊?"邱处机说:"我的病不是医生所能医治的。这是前辈圣贤对我的磨炼,不能很快病愈,但你们不用太担心。"这天晚上,尹志平梦见神人对他说:"师父的病,你们不要担忧,到汉地自然就好了。"又走了300多里沙路,路上水草极少,马在夜里不停地走,走了一宿才走出来。这个地方离西夏北部边疆很近,蒙古包渐渐多了起来，马也很容易得到，后走的人已经赶上来了。

7月20日，一行人住在渔阳关（今内蒙古乌拉特旗夹山一带），邱处机这个时候还没有吃东西。第二天过了渔阳关向东走了50多里，来到了丰州（今内蒙古呼和浩特东）。元帅以下的官员都出来迎接，一位姓俞的宣差请邱处机住在他家里，给邱处机做热汤面吃，邱处机这天饱饱地吃了一顿，之后饮食就恢复了正常。道士们互相说："尹志平前天的梦真的很准啊！"

7月30日，邱处机又踏上了旅程。8月7日来到云中（今山西大同市），在此住了20多天。8月11日，阿里鲜要到山东宣读成吉思汗的诏令，招降纳叛，请求邱处机派弟子尹志平与他同行。邱处机说："上天没有应允，去了又有什么用呢？"阿里鲜拜了又拜，说："如果成吉思汗派大军前往，一定会杀死很多人。愿您发发慈悲，派人和我一起去。"邱处机过了好一会才说："虽然救不了众生，但总比坐视他们惨死要好得多。"于是命尹志平和阿里鲜一起赶往山东，当即给了他们两封招谕的书信。9月，邱处机动身起行，走了12天来到了宣德州（今河北张家口市宣化区），进城后住在了朝元观。12月10日，元帅贾昌从成吉思汗那里来，传旨说："神仙自春及夏远行，一路上很不容易。路上得到的食物、马匹，好不好？在宣德等地，官府是否留意神仙的饮食起居？招谕下面的百姓，他们是否能来？我常常思念神仙，神仙不要忘了我啊！"这是邱处机与成吉思汗分手后，成吉思汗颁下的第一道相关旨意，明确表示了对邱处机的思念。

1224年2月21日，邱处机来到了缙山（今北京延庆）的秋阳观，燕京行省的最高长官石抹咸得不，派遣使者携带书信恳请邱处机到燕京天长观居住，邱处机答应了他们的请求。不久，燕京的官员便派人来接邱处机，燕京道众用香花引导邱处机进入燕京。瞻仰邱处机风采和前来观礼的人们,络绎不绝,堵塞了道路。最初邱处机西行的时候,众人问邱处机什么时候回来。邱处机说:"三年回来,三年回来。"邱处机履行了承诺,三年后果然回到了燕京。2月27日,邱处机住进了天长观。

3月6日,喝剌从成吉思汗的行宫来到燕京传旨:"神仙到汉地,以清静无为之教,感化众人,每天为我念经祝寿,真是太好了。神仙可以选择好的、喜欢住的地方居住。告诉阿里鲜,神仙年事已高,要好好地保护。神仙不要忘记我以前说过的话。"这是成吉思汗第二次颁旨。7月3日,成吉思汗派宣差札八传旨说:"自从神仙离开后,我没有一天忘记神仙。神仙也不要忘了我。在我管辖的地方,神仙喜欢哪里,愿意在哪里居住都行。神仙的弟子常常为我诵经祝寿,这样做很好,我很高兴。"这是成吉思汗第三次颁旨。与邱处机分手后,接连三次专门传旨,可见成吉思汗对邱处机的重视,也可以看出邱处机的谈话对成吉思汗的触动。从此,邱处机在北京住了下来,直到去世,他在天长观建立了八个道教组织,分别叫作平等、长春、灵宝、长生、明真、平安、消灾、万莲,全真教得到巨大的发展。

天长观,初建于唐玄宗时代,金代曾毁于火灾,1167年重建,历时七年才最终完工,金世宗赐名为"十方天长观"。1202年又罹火灾,虽然重修,但无复当年规模。此后金蒙连年战争,无暇重建,1215年金宣宗迁都南下后,这座道观渐渐地衰败了。邱处机命弟子王志谨主持重建工作,历时三年,就在邱处机去世的那一年竣工。成吉思汗赐名"长春宫",就是今天北京的白云观。

邱处机的日子过得很平淡,也很闲适。他常常在斋毕之后,出观游览,去金朝故苑琼华岛上消遣。与邱处机一同出行的有六七个人,大家静静地坐在松荫下,或各自赋诗,或联句唱和。有时在饮茶的间隙，邱处机还让跟随来的人唱几首《游仙曲》。大家安闲愉悦，虽天色向晚也都不愿离去。地方官见邱处机喜欢到这一带游玩，就将北宫（今北京北海公园）的园林、池塘连同附近数十

民国时期的白云观

顷土地都送给邱处机，让他在这里修建道观。邱处机不愿接受，经过再三的请求，才接受了。官府又为此颁布榜文，禁止在这里砍伐树木。邱处机在这里修缮房屋，安置道众，并将这些情况上报给成吉思汗，成吉思汗表示同意。从这以后，一到良辰吉日，邱处机总到这里游玩。1225年的春天，邱处机折取一枝梨花，送给玄宁居士张去华，并对他说："对男子来说，这是吉祥之物。"张去华用瓶子来供养这枝梨花，到秋天的时候，居然结了24颗果实，而张去华也得了一个儿子。延祥观有一株干枯了的大槐树，邱处机用拐杖敲打了几下，说道："枯槐再活！"后来，大槐树果然又活了，而且枝叶繁茂。

就在这一年的秋天，在蒙古军的进逼下，金和西夏终于捐弃前嫌，定立攻守同盟，要共同对抗蒙古军的进攻。成吉思汗不得不继续他的军旅生涯，指挥蒙古部队展开了对西夏的征服。已经64岁的成吉思汗仍旧奔波在战场上，为了他的帝国，也为了他未竟的梦想。不知成吉思汗是否想到，这可能是他一生中的最后一战了，但有史料记载，邱处机预言自己将不久于人世。

在这一年的 5 月，宣抚王巨川请邱处机观看庭院中的竹子。邱处机说："这竹子非常秀丽，战火之后，真是难得一见啊！我过去居住在磻溪，那里有茂盛的林木、修长的竹子，真是天下的奇观。回想起来如同梦幻一般。我现在老了，离去的日子就要到了。你分给我一些，种在宝玄堂的廊子下面，让我经常见到，养养眼吧！"王巨川说："天下的战火没有停息，百姓的生活凄苦。成吉思汗尊师重道，我们还要仰赖您高深的道行来保护百姓。神仙怎么突然说出这样的话呢？"邱处机用手杖叩击地面，笑着说："天命已经决定了的事情，能由人来决定吗？"但当时大家都不明白邱处机的意思。邱处机虽然已经 78 岁，在当时算得上是高寿，但他身体一直很好。在大家的心目中，他就是活神仙，怎么也不会想到他会死。

此后，史料中对邱处机生平的记载就不多了，只知道，1226 年、1227 年，燕京一带连续两年大旱，都是邱处机主持的祈雨活动迎来天降大雨，缓解了旱情。但这种记载究竟是真实的历史，还是后世出于神化邱处机而编造出来的传说，就不得而知了。

1227 年 7 月 10 日，道人王志明从秦州（今甘肃天水）成吉思汗处，前来传达成吉思汗的旨意，把北宫仙岛（即琼华岛）改为万安宫，将天长观改为长春宫，诏告天下出家向善的人都归邱处机管理，并且赐给邱处机金虎牌，下令道家的一切事务都仰仗神仙来处置办理。

自从琼华岛改成道院以后，砍柴捕鱼的人不再到这里来了。几年过后，池塘中的飞禽、鱼虾得到大量的繁殖。一年之中，前来游玩的人往来不绝。邱处机在做完斋事之后，每天都骑马到那里去一次。

8 月 4 日，邱处机因为生病没有出行，在长春宫东面的溪水里沐浴。6 日，有人报告说，当天上午太液池的南岸崩塌断裂，水流入东湖，声音在几十里外都能听到，太液池里的大鳖、鱼类等都跑光了，太液池干涸了，古北口外的山峰也崩塌了。邱处机听到这个消息后，一开始并不说话，过了好久，才笑着说："山崩池枯，我将和它们一起离开！" 8月17日，邱处机对弟子们说："过去丹阳真人马钰曾授记给我说：'我死之后，全真教将会得到极大的发展，很多地方都会成为信奉道教的地区。你正好处在这样的时期，道院都会有皇帝赐给匾额，你会去住持大的道观。还会有使者佩戴牌符，乘驿马为全真教办理各项事务。这个时候，就是你功成名就，离开人世的时候了。'丹阳真人的话，都一一应验了，就像符契一样吻合。更何况全真教中的管理人员，内外都很完备。我离开人世也就没有什么遗憾的了。"

这个时候，邱处机得了痢疾，在宝玄堂养病，一天之内得多次去厕所。弟子们都找不见他，以为是躲到什么地方去了，便劝邱处机不要躲起来。邱处机说："我不想劳烦你们，你们都有各自的事情要做，再说卧床养病有什么可奇怪的呢？" 8月20日，弟子们又来请求说："每天举行斋会，信道的善人很多。愿师父施慈爱之心到斋堂上去，来满足人们瞻仰您风采的愿望。"邱处机说："我22日到堂上去。"但就在这一天的下午，邱处机登上葆光堂后逝世，时年80岁。五天后，成吉思汗在出征西夏的蒙古军营中去世，享年66岁。

邱处机临终留诗一首：

> 生死朝昏事一般，幻泡出没水常闲。
> 微光见处跳乌兔，玄量开时纳海山。
> 挥斥八纮如咫尺，吹嘘万有似机关。
> 狂辞落笔成尘垢，寄在时人妄听间。

三、消逝长草间

邱处机与成吉思汗

1226年2月,由于西夏在成吉思汗西征花剌子模时拒绝派兵随征、接纳仇人桑昆、不派遣质子、与金朝结盟等原因,刚刚结束西征由中亚归来的成吉思汗决定亲自率军征讨西夏。其中最关键的原因在于,西夏与金结盟抗蒙,大蒙古国想要向南发展,就必须打破金夏联盟,欲灭金,先灭西夏,因此成吉思汗选择了实力相对较弱的西夏为突破口。

成吉思汗命令察合台留守蒙古草原,自己带领窝阔台、拖雷统兵10万出征。在路过阿儿不合时,举行了一次围猎,一群野马惊动了成吉思汗的坐骑,把他从马背上摔了下来。当时成吉思汗摔得浑身疼痛,夜里就发起了高烧。

将领们知道成吉思汗受伤的消息后,聚在一起讨论,有人说:"西夏百姓都住在城市里,有固定的营地,那建造的城池是搬不走的,那固定的营房也挪动不了,他们不会逃到哪去。咱们暂且退军,等大汗的伤好了,再来讨伐他们也不迟。"大家都赞成,便奏请成吉思汗暂时退军养伤。成吉思汗认为这样不行。他说:"中途突然退兵,西夏上下一定会以为我们害怕了,不敢与他们决战。莫不如在此地扎营养伤,等我派出使者探明西夏的举动再作定夺。"遂派出使者前去责问西夏,察其动向。

使者来到西夏,转达了成吉思汗的责问:"花剌子模挑起事端,大汗让你们从征,为何你们不履行自己的承诺,反而恶言相讥。今天率军就是来讨伐你们的。不知你们还有何言语要讲!"

西夏的皇帝李遵顼已经让位给其子李德旺,李德旺没有听说过这件事,他说:"我未曾恶言相讥啊!"这时他身边的大臣阿沙敢不站了起来,愤愤地说:"相讥的语言是我说的,不知你们想怎样讨伐?你们蒙古人,是惯于争战和掠夺的。如果要战,在阿拉善山有我们的营地,可奔袭那里。如果你们需要金银、绸缎、财物,可奔取中兴府和西凉府。欲战欲抢,悉听尊便。"蒙古使者碰壁而回。

听完使者的汇报后,成吉思汗的伤病虽然还没有好,但他仍坚持进军。他说:"西夏竟敢讲这样的大话,怎么能够退兵呢?就是我死了,也要去征讨他们。长生天也会认为我做出这样的决定是对的。"

成吉思汗命令速不台率一支军队从西面进攻,自己亲率主力从东北直入西夏境内。

1226年3月,成吉思汗首取黑水城(今内蒙古阿拉善盟额济纳旗),随后直指阿拉善山西夏人的营地,活捉了阿沙敢不,如风吹飞灰似地消灭了他的军队和百姓。速不台在这年的夏天相继攻占了沙州、肃州、甘州等地。

盛夏过后,成吉思汗从浑垂山起行,攻占了西凉府,越过沙漠进至黄河。11月,西夏首都中兴府岌岌可危,陷于一片混乱,李德旺忧惧而死,他的侄子李晛继位。11月29日,成吉思汗率兵进攻灵州,李晛倾全国兵力遣老将嵬名令公率10万大军前来援救。蒙古大军抢渡黄河与之展开激战,大败嵬名令公的援军,攻下了灵州。

就在这时,出现了五星聚于西南的特殊天象,成吉思汗为此下令禁止蒙古部队任意杀掠。第二年7月,他再次重申此项命令。史料中没有记载,是否因为天象的变化,使成吉思汗想起了邱处机在中亚对他的讲道,因此才下令禁止杀掠。不过,后人却将功绩归于邱处机,认为是他远赴中亚的一席话,使成吉思汗改变了从前的屠杀政策,这被称为邱处机"一言止杀"。

邱处机与成吉思汗

乾隆皇帝曾作有一副对联称赞邱处机：

万古长生，不用餐霞求秘诀；
一言止杀，始知济世有奇功。

1227年1月，蒙古军包围中兴府，李晛完全丧失了反击之力，只能困守城内。西夏各地的重镇也都先后被蒙古军队攻破。

2月，成吉思汗率军南下，进入金国境内，先后攻陷临洮府，洮、河、西宁、德顺等州，又派一军进入南宋掳掠。

这个时候，西夏的首都中兴府外无援兵内无粮草，又发生强烈地震，房倒屋塌，瘟疫流行，已经到了山穷水尽的地步。成吉思汗赴六盘山避暑，并派察罕进入中兴府招降。李晛没有其他出路，只能投降，遣使向成吉思汗请求说："请大汗暂且宽限一月，以便准备贡物，到时一定亲自前来请降。"成吉思汗同意了他的请求，对使者说："西夏皇帝投降后，我会像对待亲生儿子一样对待他，请他放心好了。"

此时，成吉思汗又染上了一种热病，感觉将不久于人世，就把随行的窝阔台、拖雷和将领们叫到床前，一齐听他的遗言。

成吉思汗先是就蒙古汗位的继承问题立下了遗嘱："孩子们啊，我的死期已经临近了，就要离开你们了。赖着长生天的护佑，我创建了今天这样一个幅员辽阔的大国，不论从哪个方向，从这边走到国家的另一边，都要用一年的时间。你们要想享受执掌权势的快乐和过着心满意足的日子，必须齐心协力保住汗位和国威。我以前多次和你们讲过的那个'多头蛇'的故事，还都记得吧。在严冬，多头蛇要进洞御寒，它的每个头都想先钻进洞去，你争我夺互不相让，最终哪个头也没能钻进洞去，多头蛇被冻死在了洞外。而一个头的蛇却很快地钻进自己的洞穴，躲过了严冬。这个故事你们千万不要忘记，只有你们齐心协力才能永保基业长久。在出征花剌子模以前，大家已经议定由窝阔台作为我汗位的继承人，因为他足智多谋、雄才大略，在你们兄弟当中最为出众，当时你们都发了誓，应当心口如一。今天再为我立下文书，保证永不更改在我面前所做的决定，永不违背我的命令，在我死后承认窝阔台为大汗。"

成吉思汗还念念不忘蒙古帝国向南的征伐与开拓，接下来定下了灭亡金朝的方针："金朝的精锐部队都集结在潼关一线，南据连山，北有大河，很难一下子攻克，不如向宋朝请求借道攻金。宋朝与金国是世仇，一定会答应我们的借道请求，我军可以从宋朝境内绕过金军的北方防线，进攻唐、邓二州，若是能够攻克，就可以直逼金朝的首都。都城危急，金朝一定会调潼关附近的部队救援，他们千里赴援，必定人困马乏，就是赶到了，战斗力也会明显下降，我军一定可以打败他们。打败金军精锐主力，灭亡金国就是指日可待的事情了。"

成吉思汗去世五年以后，窝阔台正是运用这种策略，在河南三峰山一役全歼金军精锐，两年后灭亡金朝。

接下来，成吉思汗又布置了对付西夏的策略：

我死后不要为我发丧、举哀，不要让西夏人知道我已经死了。等西夏皇帝和大臣从城里出来投降，就把他们全部杀掉，以免后患。

1227年8月25日，成吉思汗在秦州清水（今甘肃清水）西江驻地大营去世。蒙古诸将遵照成吉思汗的遗嘱，秘不发丧，杀死了西夏的君臣，立国190年的西夏至此灭亡。

成吉思汗有一次外出打猎,来到不儿罕山附近的萨里川,这里距离他出生的地方大约有六天的路程。望着秀丽的山川,成吉思汗喃喃自语:"这里作为我将来的墓地倒是挺合适的。"在他西征路过鄂尔多斯草原的时候,曾为那里的美景所陶醉,对身边的人说:"这里是衰亡之朝的复兴之地,是太平盛邦的久居之域,是梅花鹿成长之所,是白发老人安息之乡,我死后就安葬在这里吧。"据说因为这个缘故,在成吉思汗去世后,他的后裔把他安葬在萨里川,而在鄂尔多斯建立了陵园。

成吉思汗在清水去世以后,遵照他的遗嘱秘不发表,由他的小儿子拖雷监国,并率蒙古大军拥送成吉思汗的灵柩返回蒙古草原。为保守秘密,他们杀死沿途遇到的所有人。当他们回到怯绿连河畔的大窝里朵之后,才公布了成吉思汗去世的消息,四大窝里朵同时举哀。

葬礼也是由拖雷主持的。为了不让人知道成吉思汗安葬的具体地点,成吉思汗的墓地在地表不留任何标记。下葬之后,当着一头母骆驼的面杀死它的幼驼,这样,母骆驼就会一直记得这个地点,以后蒙古人前来祭祀的时候,就以这头母骆驼为向导,当他们看到母骆驼徘徊悲鸣不肯离开时,就知道他们已经来到了成吉思汗的墓地。

下葬后,蒙古人放马群将该地踏平,派1000名骑兵驻守这里,不准任何人靠近,等到第二年春季新草长出来之后,这里的草原已经和其他地方没有任何区别了,驻守的部队才撤走,这时,已经没有人可以找得到成吉思汗的墓地了。若干年以后,这一带杂草丛生,就连担任守护禁地任务的兀良哈那颜,也已经找不到通往成吉思汗墓地的路径了。时至今日,虽然考古学家做了各种努力,仍旧找不到成吉思汗安葬的确切地址,也许这将是一个永远无法解开的历史之谜。

一代天骄,就这样消失在衰草长烟之中。

成吉思汗陵

1227年，成吉思汗去世的当年，蒙古灭西夏。1234年，蒙古灭金朝。1258年，蒙古西征军灭亡立国超过五个世纪的阿拉伯帝国阿拔斯王朝，征服西亚大部分地区，西征的蒙古军甚至打到欧洲的多瑙河流域。1279年，蒙古灭南宋，统一中国。

在成吉思汗去世五天以前，邱处机去世。曾奉成吉思汗之命赴山东延请邱处机的刘仲禄得到这一消息十分惊讶，马上派专使前去报告成吉思汗，但他不知道，成吉思汗注定听不到这一消息了。

邱处机去世的第二天黎明，众弟子发丧举哀，来参加葬礼的道俗人士数以万计。邱处机有遗言，命门人宋道安接管教务。在丧礼结束之后，宋道安对尹志平说："我老了，不能维持教门的日常事务，你代为掌教吧。"经多次协商，最后由尹志平出任全真教新一任掌教。

1228年，尹志平在长春宫内动工为邱处机修建纪念堂，取名"处顺堂"。完工后，将邱处机的遗体迁葬于处顺堂内。开柩之时，邱处机虽然已经去世一年多，但面容栩栩如生，异香满室，久久不散。参加安葬仪式的多达数万人。

明朝初年，长春宫更名为白云观。清朝初年，在白云观方丈王常月的主持下，白云观进行了大规模重修，基本奠定了今天北京白云观的规模。

明朝以后，全真教全面走向衰落，分化成若干小教派继续活动。清代以后，其影响力越来越弱，但时至今日，仍是中国道教两大派别之一。

1368年，元朝灭亡以后，蒙古人重新退回大草原，但这时的蒙古人，已经信奉藏传佛教了。

全真教徒一直在纪念邱处机。每到邱处机的诞辰日，白云观都要举行盛大的纪念活动。北京民间传说，届时会有神仙化装来此，或是化装成乞丐，或是化装成老人，凡有缘者皆能与之相会。这一天，白云观的庙会也被称为神仙会，成为老北京春节风俗的一大盛事。蒙古人也世世代代怀念着成吉思汗，守卫着他那在鄂尔多斯的陵园。有关邱处机与成吉思汗在大雪山下的那一番谈话内容，也成为传世佳话，越传越神秘了。